RELATION

D'UN

VOYAGE EN ITALIE,

EN PASSANT

PAR LE MONT-CÉNIS ET REVENANT PAR LE SIMPLON.

IMPRIMERIE ANTH^e. BOUCHER,
Rue des Bons-Enfaus, n°. 34.

RELATION

D'UN

VOYAGE EN ITALIE,

SUIVIE D'OBSERVATIONS

SUR

LES ANCIENS ET LES MODERNES,

AVEC DES TABLEAUX HISTORIQUES A L'APPUI.

ORNÉE

D'UNE JOLIE GRAVURE REPRÉSENTANT ST.-PIERRE DE ROME.

Par Alphonse Dupré.

TOME PREMIER.

A PARIS,

CHEZ ANTH^e. BOUCHER, IMPRIMEUR - LIBRAIRE,
RUE DES BONS-ENFANS, N°. 34;
ARTHUS BERTRAND, LIBRAIRE, RUE HAUTEFEUILLE, N°. 23;
DELAFOREST, LIBRAIRE, RUE DES FILLES-SAINT-THOMAS, N°. 7.

M. DCCC. XXVI.

AVIS DES ÉDITEURS.

Un volume in-18, publié en 1824, qui n'avait été imprimé qu'à un très petit nombre d'exemplaires, contenait un précis des deux volumes que nous offrons aujourd'hui au public.

L'édition fut promptement épuisée : les suffrages des lecteurs engagèrent l'Auteur à donner à son Ouvrage tous les développemens et toute la perfection dont il était susceptible.

D'après les nombreuses et importantes augmentations qu'il y a faites, cette RELATION D'UN VOYAGE EN ITALIE doit donc être considérée comme une production nouvelle.

PRÉFACE.

CETTE seconde édition de mon Voyage en Italie pourrait être considérée comme un ouvrage nouveau par l'étendue des additions que j'y ai faites; elle contient tout ce que renfermait la première édition, et un grand nombre de choses nouvelles que j'ai cru devoir y ajouter, en voici les raisons :

Un littérateur spirituel qui a rendu compte de la première édition de cet ouvrage dans le *Journal de Paris* du 24 juin 1824, a semblé me faire le reproche d'avoir abrégé les détails de mes descriptions, en disant que j'avais *voyagé vite;* il aurait été plus juste de dire que j'avais *narré vite*, passant sur les détails que je croyais de peu d'importance. Je n'espérais pas intéresser autant par cette simple narration, et je n'ai pas été moins surpris que flatté des suffrages de ce littérateur, de ceux des critiques qui en ont rendu compte dans beaucoup d'autres journaux, et de ceux que plusieurs de mes lecteurs ont bien voulu me donner de vive voix. Ce que l'on a vu soi-même peut ne pas paraître intéressant pour les autres; aussi j'avais laissé dans mon journal de voyage ce que je ne croyais pas digne d'être offert au public, d'autant plus que la multitude des ouvrages écrits sur cette matière, devait me donner beaucoup de circonspection, dans la crainte de redire ce que l'on pouvait savoir aussi bien que moi.

Mais puisque les gens de lettres qui ont bien voulu rendre compte de mon ouvrage dans les journaux, les uns en approuvant, d'autres en critiquant, se sont néanmoins tous accordés sur ce point, que mes descriptions et mes observations les avaient intéressés, j'en ai risqué un grand nombre d'autres, et je n'ai choisi dans mes lettres originales et mon journal de voyage que les plus instructives ou les plus piquantes, afin de leur donner de l'utilité et de l'agrément; car puisque l'on prend la peine de vous lire, il est bien juste que les auteurs se donnent la peine de chercher à plaire à leurs lecteurs.

Dans ma première édition je n'avais pas détaillé le passage du Mont-Cénis, parce qu'il est si fréquenté, que je ne voulais pas répéter ce que beaucoup de personnes ont vu et dont ils rendent compte au retour de leur voyage. Mais je me suis aperçu que ceux qui ont parcouru un pays, éprouvent un singulier plaisir à voir retracés fidèlement dans un livre les objets qui ont autrefois attiré leurs regards : cette ob-

servation m'a encouragé ; aussi , j'ai
tracé dans cette nouvelle édition une
description de la route de la Savoie et
du passage du Mont-Cénis, avec une
exactitude pareille et d'aussi grands détails que ceux que j'avais donnés déjà
de la fameuse route du Simplon. J'ai
donc conduit le lecteur, pour ainsi dire
pas à pas, au bord des précipices, à travers les rochers et les monceaux de
neiges et de glaces, pour qu'il pût faire
le voyage en esprit, sans fatigue et sans
dangers.

Quant au style, comme il a été gé-
néralement approuvé, je l'ai seulement
purifié de quelques négligences, mais
je n'ai rien fait pour le brillanter , ni
pour lui donner ce vernis romanesque
ou romantique qui, malgré la ferveur
du moment, ne saurait me sembler
d'un bon goût. Je crois que la simplicité et la clarté du style sont aussi in-
dispensables pour écrire un voyage,

qu'ils sont de rigueur pour écrire l'histoire; le premier devoir de l'historien est d'être clair et véridique, et je pense que c'est la première loi que doive s'imposer un voyageur qui veut rendre un compte profitable à ses lecteurs; car il faut leur donner des idées justes sur le pays que l'on décrit dans sa narration. La simplicité et la clarté du style sont si nécessaires dans ce genre d'ouvrage, qu'il est impossible de faire comprendre ses descriptions sans s'y astreindre ponctuellement. J'aurais cru aussi inconvenant d'écrire un voyage dans un style relevé ou poétique, que de composer une comédie en vers héroïques. Chaque genre d'ouvrage réclame un style particulier; si l'on n'observe pas cette diversité, on fera peut-être briller son esprit, mais on ne donnera pas une haute idée de son goût et de son jugement, ni de son habileté dans l'art d'écrire; l'on égarera même la bonne foi de son lecteur, qui prendra pour la réalité un fantôme romanesque.

J'ai en outre, par expérience, l'intime conviction qu'il est plus difficile de donner à son style la couleur qui convient à chaque genre d'ouvrage, que de traiter tous les sujets d'une manière pompeuse et recherchée; tout le monde peut parvenir à écrire avec pompe et recherche; mais la naïveté dans le style est un don de la nature, qui part de l'âme, et qui, par conséquent, ne peut ni s'acquérir ni même s'imiter.

Molière, Corneille et La Fontaine sont nos plus sublimes écrivains, sans être néanmoins les plus corrects, et ils ont, chacun dans leur genre, une excellente naïveté qui les rend inimitables.

La mode qui existe actuellement de tout écrire en style appelé *romantique,* dont la source est une prétention au sublime, combat assurément cette opinion; mais je ne crois pas qu'une mode

passagère puisse être considérée comme
une règle en littérature; la saine littérature existe, elle ne peut pas être dé-
truite par une erreur.

La littérature est indépendante des
caprices de la mode et de l'opinion du
moment. Lorsque je relis Homère, qui
a plus de trois mille ans d'antiquité, je
trouve sa manière d'écrire, de penser
et de sentir, absolument conforme à celle
de nos bons écrivains, sauf le génie
particulier de chaque langue; mais si je
cherche à comprendre les Chapelain,
les Ménage et les Voiture, qui ne sont
guère plus que centenaires, je réclame
absolument pour les comprendre, non-
seulement un dictionnaire explicatif des
mots, mais encore un dictionnaire ex-
plicateur des pensées; et c'est là, je
crois, la destinée du prétendu nouveau
genre appelé romantique.

Dans leur temps, ces beaux esprits
passaient pour des génies transcendans,

parce qu'ils avaient inventé un jargon pédantesque ou pétillant, qui actuellement est décrépit et inintelligible. Molière, Corneille et La Fontaine n'ont jamais cherché qu'à exprimer leurs pensées par un style plein de clarté, de justesse et de naturel; ils se sont bien gardés d'envelopper leurs idées et leurs sentimens dans les nuages du pédantisme. Molière a laissé *aux Femmes savantes* et *aux Précieuses ridicules* la vanité d'employer toutes les périphrases obscures ou ampoulées qui égarent l'esprit du lecteur, en ne disant rien à son cœur ni à son esprit. Il fait prononcer au Misanthrope, dans une boutade où son bon sens éclate, ces vers qui expriment énergiquement la pensée de l'auteur:

> Ce style figuré dont on fait vanité,
> Sort du bon caractère et de la vérité;
> Ce n'est que jeu de mots, qu'affectation pure,
> Et ce n'est pas ainsi que parle la nature.

Voilà une profession de foi en matière

de style que tous les bons esprits du siècle de Louis XIV ont adoptée avec lui, qui a été et sera toujours reconnue et approuvée par les amateurs de la bonne et de la saine littérature.

Rien n'est beau que le vrai, le vrai seul est aimable,

a dit Boileau, admirateur de Molière.

L'on ne doit pas écrire dans le seul but de se faire prôner ou admirer, mais pour instruire et plaire à-la-fois. L'admiration vient avec le temps, si on l'a méritée. Il me semble enfin que chercher à s'envelopper dans un double galimatias de pensées et d'expressions, qu'à peine on peut comprendre, c'est faire au lecteur un affront continuel ; car l'auteur semble lui dire à chaque page : « Voyez l'élévation et la profondeur de » mon génie ! Quoi ! vous ne me com- » prenez pas, vous êtes donc un sot ? » Cependant le lecteur, qui a tout aussi bien que l'auteur sa portion d'intelligence, le juge, et se venge bientôt en laissant tomber le livre pour ne plus jamais le rouvrir ; ainsi l'orgueilleux écrivain a perdu ses peines ; et en voulant faire accroire que son génie planait au-dessus de tout, quoique ce ne fût que dans les espaces imaginaires, il s'est fait bientôt oublier.

Au reste, la force du style n'est nullement dans la singularité, la nouveauté ou l'emphase de l'expression, mais dans la justesse et la vérité de l'image qu'il produit dans l'esprit du lecteur. Tout ce qui est faux ne peut être sublime : le sublime n'existe que dans la pensée, et nullement dans l'expression ; et l'on pourrait donc le définir : une explosion de l'âme, forcée, pour ainsi dire, de révéler ce qu'elle sent. L'âme, quand elle parle, s'exprime naïvement, sans art, sans apprêts ; l'éclat de son expression est tout entier dans la vérité ; aussi, malgré sa simplicité, cette expression est toujours convaincante.

Il est si vrai que le sublime est tout entier dans la pensée et non point dans l'expression, que le livre le plus sublime qui ait été écrit par la main des hommes, c'est-à-dire l'Évangile, est en même temps le plus simple. Rien de plus naïf que les expressions employées par les évangélistes, de plus clair que leur style, de plus populaire que les images dont ils se servent; mais il brille, traduit dans toutes les langues, de l'éclat de l'esprit divin. Le sublime est donc exclusivement dans la pensée, dans l'esprit de l'ouvrage.

Ainsi je n'appellerai pas style fort ou sublime ces grandes phrases obscures que personne ne comprend, non pas même l'auteur; mais au contraire la naïveté de l'expression, qui donne au lecteur une idée si juste et si vraie de vos sensations, qu'il se sent entraîné à les éprouver lui-même.

Molière, dans son style comique, La Fontaine, dans son style simple et en-

joué, et Corneille, dans le vif sentiment des passions qu'il éprouve, sont
tous les trois aussi sublimes, chacun
dans son genre. L'affectation dans le
style est le contraire du sublime, elle
ne révèle que la vanité de l'auteur; et
la vanité est une faiblesse de l'esprit,
comme l'orgueil est un vice du cœur.
J'en conclus que tout style recherché,
maniéré ou ampoulé, n'est ni fort ni
sublime; il n'est que *prétentieux*.

Je présente ici ces réflexions sur le
style, parce que plusieurs personnes spi-
rituelles, trop instruites pour ne point
apercevoir le mauvais goût du genre
appelé romantique, semblent ne laisser
tomber qu'une approbation d'estime sur
les écrivains de notre temps qui n'ont
pas été ébranlés par cette espèce de bour-
rasque littéraire, que la vaporeuse faiblesse anglomane est venue mettre à la
mode dans notre littérature; mais il n'y
a point de mode en littérature; le bon

goût ne peut pas changer : il est de tous les temps, il est invariable. Le seul bon goût est celui qui est basé sur l'imitation de la nature ; enfin le bon goût, c'est le vrai : il n'y en a point d'autre, tout ce qui s'en écarte est corrompu.

Il est donc nécessaire que ceux qui veulent conserver la bonne tradition, ne se laissent pas intimider par cet orage passager, en faisant quelques concessions au mauvais goût, dans la crainte de déplaire ; il ne faut pas qu'ils se croyent en dehors du siècle, parce qu'ils ont du bon sens. On doit au contraire se rappeler que dans tous les temps, même les plus renommés pour les beaux-arts, le mauvais goût s'est fait une réputation éphémère qui n'a pas influencé les siècles suivans, et qui s'est éteinte avec la même rapidité qu'elle s'était allumée.

Les lettres sont la forme la plus convenable pour écrire un voyage, où il se

présente sans cesse des objets qui se
voient dans l'usage ordinaire de la vie;
le style qui leur convient, est le style
simple et familier, sans recherche et sans
affectation : il doit peindre ce qu'il décrit, et le voyageur ne doit pas enlu-
miner ses tableaux, parce que la peinture n'en serait plus vraie. C'est ce que
j'ai observé avec soin. Mais lorsque je
parle d'objets admirables et d'une haute
importance, mon expression et ma
phrase ne sont point les mêmes que
pour dépeindre des circonstances ou
légères, ou champêtres, ou plaisantes.

Chacune de mes lettres a la couleur
locale, c'est-à-dire celle qui convient au
pays ou à la grande ville principale dont
je fais la description. Par exemple, ma
lettre de Genève sur la Suisse est presque
toute consacrée à des peintures champêtres; je n'y parle que de la nature; lorsque
dans celle de Rome je ne me suis oc-
cupé qu'à décrire les superbes monu-

mens des arts, et les choses du plus touchant intérêt qui ont rapport aux arts et à l'histoire. Dans la lettre de Florence, surnommée l'Athènes de l'Italie, j'ai reporté mon imagination sur Paris, qui lui a été aussi très souvent comparé ; et j'ai essayé, par quelques traits, de faire voir la supériorité de l'Athènes française sur l'Athènes italienne, tant pour les monumens, que pour les mœurs et le caractère des habitans de la capitale de la France. Les autres lettres ont une couleur différente, et je me suis efforcé de leur donner celle qui convient. Ceux qui voyageront avec mon ouvrage, peut-être un jour me rendront cette justice, que mes lettres sont en harmonie avec les pays qu'elles décrivent.

Je n'ai pas besoin d'avertir que la huitième et dernière lettre, qui a pour titre : *Observations sur les Anciens et les Modernes*, n'est pas réellement une

lettre adressée à ma sœur, comme les
autres l'étaient véritablement ; tous les
littérateurs qui ont fait l'éloge de ce morceau, ont pu s'en apercevoir ; je n'ai pas
donné à cette partie importante de mon
ouvrage le titre de *Discours*, pour conserver la marche que j'avais adoptée,
quoique ce titre fût celui qui lui con-
venait le mieux.

Comme je ne parle, dans cette huitième lettre, que de choses sérieuses,
relevées et de la plus haute importance,
j'ai cherché à donner à mon style plus
d'élévation et de gravité ; ce qui a été
reconnu et jugé ainsi par les critiques
qui ont bien voulu s'occuper de mon
ouvrage, en l'analysant au public par la
voie des journaux. Je leur en fais mes
remercîmens, et les prie d'agréer l'expression de ma reconnaissance ; car si
j'ai été encouragé par les éloges, plusieurs de leurs critiques m'ont éclairé.

Comme cette dernière lettre ou discours est rapide, et qu'il embrasse à-la-fois une multitude d'objets, j'ai pensé que des tableaux tirés de l'Histoire, indiquant les sources où j'ai puisé mes observations, pourraient, en éclairant le lecteur, le convaincre encore davantage ; c'est aussi ce qui m'a engagé à compléter *mes Observations sur les anciens et les modernes*, dans cette seconde édition, par *des tableaux historiques* qui, en donnant plus de poids à mes opinions, pourront en même temps conduire le lecteur sur la voie de mes recherches, et lui inspirer de l'émulation pour en faire de nouvelles.

A la fin de chaque lettre de mon voyage en Italie, j'ai placé une table indicative, par ordre alphabétique, des villes remarquables et des curiosités qui se trouvent dans ces villes et sur les routes, afin que le lecteur puisse sur-le-champ connaître l'endroit de l'ouvrage qu'il désirerait relire de nouveau ; et en

outre, j'y ait joint une autre table itinéraire des villes, bourgs, villages, hameaux et passages curieux qui se rencontrent sur le chemin d'une grande
ville à une autre grande ville, pour que le
voyageur puisse la consulter. J'ai même
eu la précaution d'indiquer les relais,
parce que, si l'on voyage en poste, on
pourra s'en servir aussi bien que si l'on
parcourait le pays par les voiturins.
J'engage bien ceux qui sont curieux, et
qui veulent conserver un plus profond
souvenir des lieux qu'ils ont parcourus,
à se servir des *voiturins*. Cette manière
de voyager, quoique plus longue, plus
pénible et plus dispendieuse, est cependant la plus convenable aux personnes
qui visitent les pays pour leur instruction.

Enfin, en soumettant au lecteur les
réflexions et les jugemens que j'ai portés
sur l'Italie, que l'on ne s'imagine pas
que j'aie fait pencher la balance plus

d'un côté que d'un autre ; je n'ai point fait un roman, mais une histoire, dans laquelle j'ai dit la vérité ; j'ai cherché à détruire des préjugés aussi préjudiciables à la gloire des peuples de l'Italie moderne, qu'à celle de la France même, qui, si elle ne surpasse pas encore dans les beaux-arts cette patrie des grands artistes en tous genres, marche à grands pas sur ses traces et pourra peut-être un jour l'égaler.

TABLE DES MATIÈRES
DU PREMIER VOLUME.

LYON.

LETTRES
A MA SŒUR

MON VOYAGE EN ITALIE.

•••

LETTRE PREMIÈRE.

Lyon, 7 Mars 1822.

MA CHÈRE SOPHIE,

Tu dois être étonnée que je ne t'aie pas
encore écrit depuis mon départ : il y a huit
jours que je suis à Lyon. Je n'ai point voulu
te donner de mes nouvelles avant de pouvoir
y joindre quelques renseignemens sur la ville
de Lyon. Cette grande ville, l'une des plus

belles de France, est d'un aspect assez sauvage par sa situation sur les flancs des rochers
qui l'environnent, égayé néanmoins par la
vue du Rhône et de la Saône qui la traversent.
Toutes les rues de la ville sont pavées avec
des cailloux arrondis ou gallets que charrie le
Rhône.

La place des Terreaux est d'une belle proportion; elle s'étend vis-à-vis l'hôtel-de-ville, ce
grand et spacieux édifice enfumé qui a besoin
de réparations. Dans le vestibule de l'hôtel-
de-ville, qui sert de passage, se trouvent deux
fort belles statues en bronze : elles sont assises
et à demi-couchées. L'une d'elles représente
le Rhône, qui a le bras appuyé sur son urne ;
sa tête colossale est couronnée de roseaux;
sa physionomie est menaçante, l'audace est
peinte dans ses traits majestueux, sa longue
barbe semble humectée par les ondes : noble
image de ce fleuve impétueux et redoutable.
La Saône est représentée, par l'autre statue,
sous la figure d'une belle femme dont les
formes arrondies respirant la force et la santé,
sans que la grâce en soit exclue, offrent
l'image de l'abondance que la Saône procure
à la ville de Lyon.

La place de Belle-Cour est tout environnée de bâtimens dans le goût actuel, c'est-à-dire, sans ornemens de sculpture; cependant le coup-d'œil en est fort agréable; plusieurs allées d'arbres contribuent encore à l'embellir.

Je suis allé voir à une lieue de Lyon, par une petite voiture tout-à-fait singulière, construite de façon à adoucir les secousses occasionnées par le pavé, la jonction du Rhône et de la Saône. Ceci est assez curieux; car les eaux du fleuve ne se mêlent avec celles de la rivière qu'à une grande distance. On s'en aperçoit à la couleur bleue des ondes du Rhône, qui tranche à côté des eaux vertes de la Saône. Le fougueux Rhône, qui roule un nombre infini d'éclats de rochers, débris des montagnes qu'il traverse, et qui les entraîne lorsqu'il est enflé par les fontes de neiges des Alpes, laisse voir, dans presque tous les endroits de son lit, un gallet rond comme celui de la mer, mais beaucoup plus petit. On aperçoit au milieu, de grands amas de ces pierres qui tapissent le lit très inégal du Rhône; ces monceaux forment des îles pendant les eaux basses. La rivière de Saône, que j'ai des-

cendue l'espace de vingt-cinq lieues en naviguant depuis Châlons-sur-Saône jusqu'à Lyon,
est tranquille dans son cours, et plus également
ment pleine dans toute son étendue; les cou-
rans sont moins rapides, elle est plus profonde en tous temps et fort poissonneuse;
grand nombre d'îles très fertiles et d'un aspect
agréable, s'y rencontrent dans le voyage de
Châlons à Lyon.

Je suis allé, il y a deux jours, visiter l'île
Barbe, située au milieu de la Saône; on y
trouve une promenade très fréquentée par le
beau monde à l'époque où dans Paris on va
briller à Longchamps. On prend un bateau,
et c'est une femme qui vous y conduit en trois
quarts d'heure. Cette île est assez spacieuse;
une belle promenade plantée d'arbres, une
ferme, plusieurs assez jolies maisons, et une
petite église appelée Notre-Dame-de-Grâce,
où l'on dit la messe tous les jours; voilà ce
qui compose cette île, qui n'est qu'un énorme
rocher couvert de terre végétale; la roche
est noire et brûlée, d'un aspect triste et
sombre.

De même, Lyon est bâti sur des rochers
qui s'élèvent de toutes parts, ce qui donne à

la ville un aspect sauvage difficile à décrire ; on n'y brûle que du charbon de terre, dont la vapeur contribue à noircir les bâtimens, la boue des rues et les rochers auxquels sont adossées les maisons.

Le quai du Rhône est une promenade qui doit être fort agréable pendant les grandes chaleurs de l'été ; de ce quai planté d'arbres, on a en perspective, vers l'horizon, les sommets neigeux de la chaîne des Alpes ; comme l'on n'aperçoit que la blancheur de la neige sans découvrir les montagnes, on croit d'abord que ce ne sont que des nuages blancs qui se détachent de l'azur des cieux ; mais en les considérant attentivement, leur immobilité vous prouve que ce sont les sommités neigeuses des Alpes.

Au-delà du Rhône, les Broteaux et le faubourg de la Guillotière sont des lieux où la populace de Lyon va faire ses orgies dans des guinguettes d'un aspect assez dégoûtant.

Au milieu de la plaine qui avoisine le faubourg de la Guillotière, on travaille à un monument de forme pyramidale, que l'on élève en l'honneur de Précy, et des braves qui ont péri en défendant la ville contre les troupes révolutionnaires ; on y a érigé une chapelle assez vaste, où l'on institue un service pour le repos des âmes de ces vaillans, mais infortunés défenseurs de la monarchie.

Sur le quai du Rhône, l'immense salle Gayet, embellie par un jardin d'hiver, est ornée de glaces, de quelques médiocres statues, et soutenue par des colonnes ; un orchestre annonce la destination de cette salle, et de nombreuses tables sont disposées pour offrir des rafraîchissemens aux danseurs.

Les plaisirs des Lyonnais sont plus bruyans que magnifiques et délicats. Les spectacles de Lyon sont très mauvais, les acteurs y sont insupportables et les salles infectes.

Comme un bon lit est un meuble très nécessaire à un voyageur, on ne peut pas dire qu'il y ait lieu d'être fort satisfait, sous ce rapport, dans ce pays : de petits matelas de l'épaisseur du poing, et une paillasse en feuilles de blé de Turquie, voilà l'usage ; même dans le meilleur hôtel de la ville où je suis logé. Il n'y a pas, à Lyon, cette élégance et cette propreté qui font un des charmes de Paris. En récompense, la table y est bonne.

Passons à quelque chose de plus grave et
de plus important, je veux dire aux édifices
sacrés. L'église St. -Jean est remarquable
par son antiquité ; la façade ressemble à celle
de Notre-Dame, à Paris. C'est un vaste bâtiment ; les vitraux de cette église sont, pour
la plupart, d'un rouge foncé, ce qui donne
une couleur rougeâtre à la lumière qui pénètre dans cet édifice. On y conserve plusieurs
beaux tableaux.

Ce qu'il y a de plus curieux, c'est la petite
église de Notre-Dame-de-Fourvières. Il faut
gravir la côte pendant une demi-heure ;
j'étais fort surpris de m'entendre souhaiter un
bon voyage et un heureux retour, par les
mendians qui se trouvent au bas de la colline ; en effet, c'est véritablement un voyage,
qui, pour n'être pas de longue durée, n'en
est pas moins pénible. Lorsqu'on y est arrivé,
on entre dans une église ou chapelle entièrement tapissée d'*ex-voto* ; ce sont de petits
tableaux encadrés qui représentent la maladie
ou le péril dans lesquels se sont trouvés ceux
qui ont imploré le secours de Notre-Dame-
de-Fourvières, et qui ont été exaucés dans
leurs vœux. A plusieurs de ces tableaux sont

suspendues de petites figures de cire ; on voit
pendre aux plafonds des drapeaux, des éten-
dards, et quelques armes. Le pape Pie VII,
à son passage à Lyon lorsqu'il se rendit à
Paris, a réhabilité cette chapelle, qui avait
été fermée pendant notre révolution ; le Saint-
Père y a lui-même dit la messe. La ville de
Lyon est sous la protection de Notre-Dame-
de-Fourvières, et les habitans du pays y font
des pélerinages. De la hauteur de cette colline
on jouit d'une vue magnifique.

J'ai aussi visité l'hôpital, que l'on dit l'un
des plus riches de la France ; il y avait alors
dix-huit cents malades ; j'ai parcouru les
salles, les cuisines, la pharmacie, les réfec-
toires, et je les ai trouvés assez propres pour
ce pays. Il y a beaucoup d'ordre dans l'administration, et les soins y sont prodigués
aux malades avec une grande charité ; ce
sont des Sœurs qui font le service dans ces
lieux de douleurs. Les lits de cet hôpital sont
en fer. Dans les cuisines, des conduits d'eau
descendent jusque dans les marmites, par le
moyen d'une pompe construite dans la cuisine même. Le réfectoire de la communauté
est très vaste. Il y a une table pour quinze

chirurgiens, et d'autres tables pour les prêtres et les sœurs. A chaque bout de la salle
je remarquai, d'un côté, un magnifique tableau de la Cène, et de l'autre un tableau
représentant le Christ attaché à la croix. On
fait la lecture, pendant les repas, dans une
chaire qui est adossée au mur, vers le milieu
de la salle.

La pharmacie est une des plus renommées
de France pour l'excellence des médicamens
que l'on y distribue : ce sont les sœurs qui ont
cette charge. On vient, de vingt ou trente
lieues à la ronde, acheter des drogues à cette
pharmacie, ce qui constitue un des meilleurs
revenus de l'hôpital. Dans les salles des malades, il y a plusieurs chapelles; mais la plus
belle est celle pratiquée sous le grand dôme,
qui est d'une élévation prodigieuse. A la voûte
de ce dôme est suspendu un crocodile de la
longueur de cinq pieds environ ; cet animal
étranger a été pris dans le Rhône, à Lyon;
on ne sait pas comment il y était entré.

Le Muséum de cette ville est un beau bâtiment éclairé par le haut; on y conserve d'assez
bons tableaux, et surtout deux mosaïques
d'un rare mérite, ainsi que des vases précieux

par leur antiquité, quelques statues, des mé-
dailles et autres objets curieux, tels qu'une
boîte à momie donnée par M. Cousinéry, an-
tiquaire.

Voilà, ma chère sœur, à-peu-près ce qu'il
y a de plus intéressant à Lyon. Il est difficile
de pénétrer dans les manufactures de soieries;
car les fabricans se méfient des étrangers qui
veulent les parcourir. Cependant l'on m'a pro-
mis, pour demain, de m'en faire voir quelques-unes.

J'ai donc vu ce bel édifice de cordages que
l'on appelle métier : il est vraiment curieux ;
le luxe rend industrieux, et l'on s'étonne de
voir des jeunes gens fort bien mis, rassemblés dans une espèce de classe, s'occuper gra-
vement, pendant huit ou dix années, pour
apprendre à arranger les fils employés à former les dessins sur les étoffes de soie. Ces
jeunes gens sont destinés à passer leur vie à
résoudre ce genre de problèmes, qui consistent à entrelacer des fils avec art, pour en
composer des dessins à fleurs et à palmes,
qui doivent être diversifiés selon la fécondité
de l'imagination du compositeur. Puisque ce
genre d'occupation fait vivre beaucoup de

monde, je l'approuve de bien bon cœur; mais je n'aurais pas cru qu'il dût rendre l'homme aussi suffisant; la fatuité est fort à la mode parmi ces classes de jeunes gens. Quant aux ouvriers ou manœuvres qui travaillent aux métiers, ils sont pour la plupart hideux et contrefaits; et cet état est si dédaigné parmi les Lyonnais mêmes, qu'ils donnent à ces hommes le sobriquet injurieux de *Canuts*, et aux femmes celui de *Canettes*: mots qui font allusion aux petites bobines dont ils se servent pour former leurs tissus.

Après tous ces détails sur la ville de Lyon, je vais t'en décrire la route depuis Paris, en passant par Châlons-sur-Saône. En quittant Paris on traverse Melun; puis Montereau, remarquable par les fours à plâtre qui sont aux environs; j'y ai passé de nuit, et ces fours enflammés, que l'on aperçoit à droite sur les rives de la Seine, nous éclairaient jusque sur la route, quoique nous en fussions à une grande distance. Montereau est aussi remarquable par la jonction de l'Yonne à la Seine qui la reçoit, comme elle reçoit la Marne à Charenton. En quittant Montereau on suit les bords de l'Yonne, pour arriver

bientôt à Sens, capitale de la Champagne;
la cathédrale de cette ville est remarquable.
Les rues de Sens sont larges et les maisons
bien bâties. Le soir, on arrive à Auxerre;
sur cette partie de la route il n'y a rien de
bien curieux, si ce n'est la fertilité du terri-
toire et la belle culture des vignes, qui, ta-
pissant les coteaux, sont cependant d'un aspect
monotone et peu agréable. Auxerre est dans
un fond; du haut de la colline on aperçoit
la ville entourée de vignobles; les tours et la
cathédrale donnent à cette cité quelque chose
d'imposant et de majestueux. Après avoir
voyagé toute la nuit, on arrive le matin à
Avallon, dont les environs produisent l'un
des bons vins de Bourgogne; la ville est
assez étendue; la promenade qui donne sur
la place est ce qu'il y a de plus beau dans
Avallon. Au bout de quelques heures on
entre dans l'immense forêt de Saulieu, dont
l'aspect est triste et sauvage; cette forêt
abonde en gibier de toute espèce; les san-
gliers et les loups y sont en grand nombre;
aussi les habitans du pays ne la traversent
que par bandes de cinq à six, et marchent
armés de gros bâtons ferrés. Il s'y trouve aussi

plusieurs espèces de serpens dont la morsure est très dangereuse. De Saulieu, petite ville assez triste, on gravit une côte fort élevée, et l'on arrive, au bout d'une heure, au haut de la montagne. Dans un temps bien clair, on découvre de dessus le plateau de cette montagne, la chaîne du Jura et les sommités neigeuses des Alpes. Ce plateau est presque inculte, couvert de fragmens de rochers en granit friable ; on le réduit facilement en poussière entre les doigts : quelques petits taillis et grand nombre de bruyères couvrent le sol aride ; les habitans y mettent le feu pour faire périr les serpens et chasser les loups qui s'y retirent. Enfin l'on descend par une route assez étroite qui, sur la gauche, est appuyée au mont ; vers la droite on découvre les sommets bleuâtres et les vastes flancs de plusieurs autres montagnes : ce pays s'appelle le Morvan. Entre la route et les monts que l'on voit sur la droite, il existe un large précipice, coupé à pic ; la route est étroite, et l'œil plonge dans cet immense fossé, qui peut avoir en certains endroits douze cents pieds de profondeur. Au bout de trois heures on est délivré de toute inquiétude ; on découvre

3..

bientôt, au fond de la vallée, des pâturages très verdoyans, et une petite rivière divisée en plusieurs ruisseaux qui serpentent dans les prairies. De petits hameaux, des maisons isolées, donnent à ce pays un air tout-à-fait pastoral : on entre ensuite dans la charmante vallée de Chissey. Ce joli pays semble isolé de toute la province ; il est environné de tous côtés par des montagnes. Plusieurs ruisseaux limpides arrosent les prairies. Les habitans de ce pays sont laborieux et d'une grande simplicité de mœurs. Toutes leurs ressources consistent dans le produit de leurs terres, qu'ils cultivent avec beaucoup de soin ; les grains et les foins qu'ils récoltent les enrichissent, et la plupart sont propriétaires des fonds qu'ils cultivent. Leurs cabanes, qui ne sont pas belles au dehors, sont propres au dedans, et l'on s'aperçoit aux ustensiles qui y brillent, que ces bonnes gens jouissent d'une certaine opulence. On n'y rencontre pas un mendiant ; tout le monde travaille ou sort du pays. La Champagne et la Bourgogne, au contraire, sont remplies de mendians. Dans l'agréable vallée de Chissey, les biens de chacun sont environnés d'une jolie haie d'épi-

nes soigneusement entrelacées. Pour traverser
les petits ruisseaux qui l'arrosent, on passe sur
des ponts en bois très étroits, et l'on est
comme suspendu au-dessus des eaux de ces
ruisseaux, qui sont d'une grande fraîcheur et
d'un goût excellent. Les habitans jouissent
d'une santé robuste, parviennent à une extrême vieillesse, et n'ont ni médecins ni in-
firmités.

Malgré le grand nombre de rochers épars,
l'aspect du pays est riant, car tout est cultivé à l'entour : un beau rocher, haut de cinquante pieds, long de trente ou quarante,
s'élève à gauche de Chissey; on le prendrait
pour un château-fort; il est d'un aspect sauvage qui contraste avec la verdure dont il
est environné.

On sort de cette vallée pour arriver à Autun, cité ancienne et assez commerçante : on
y trouve une belle promenade plantée d'antiques arbres; la porte par laquelle on y arrive,
est dessinée en arc de triomphe d'une noble
architecture; au milieu de la ville est une
place fort étendue, qui sert pour le marché
aux grains, dont le commerce est fort considérable à Autun.

En s'éloignant de la ville, l'on s'enfonce d'abord dans une belle vallée; mais bientôt la route s'élève, bordée de précipices de chaque côté. La lumière de la lune argentait alors les forêts qui couvrent les monts environnans, et j'entendais murmurer au fond des précipices plusieurs ruisseaux qui, lors des pluies et des fontes de neiges, sont transformés en fougueux torrens, dont les ravages s'annoncent de tous côtés par les débris de roches qui y sont dispersés. On traverse ensuite St.-Émiland et St.-Léger; puis on entre à Châlons-sur-Saône. C'est la plus agréable ville que j'aie vue sur ma route; elle est bien bâtie, claire et propre. Les quais de la Saône sont magnifiques; la plupart des maisons de la ville sont vastes et bien construites; j'y remarquai une très belle promenade, plusieurs fontaines et quelques édifices. Mais ce qui rend l'aspect de Châlons plus agréable et plus riant, c'est la vaste rivière de Saône qui la traverse.

Ici on laisse la diligence de terre pour prendre la diligence d'eau, qui doit vous conduire à Lyon en descendant la Saône. Cette belle rivière est parsemée d'îles verdoyantes, semblables à celles que l'on voit dans la Seine ; on passe auprès de la jolie petite ville de Tournus, et l'on arrive bientôt à Mâcon. C'est une ville considérable ; une large promenade, plantée d'arbres, est au milieu. L'hôpital, qui n'en est pas éloigné, est l'un des plus beaux édifices. Les lits sont ornés de rideaux rouges, et la salle, au bout de laquelle est la chapelle, est parquetée et cirée. Les bois de lit sont en acajou.

J'ai été visiter aussi les deux tours de Saint-Vincent ; elles menacent ruine, et l'on ne s'en sert plus à cause de leur vétusté ; elles sont d'une élévation immense et d'une belle architecture gothique.

A l'auberge du Sauvage, située sur le quai, on est logé dans des appartemens magnifiques ; la table est d'une abondance que l'on peut dire somptueuse : la table du Roi n'est pas mieux servie que celle où se rassemblent, pour une somme très modique, les commensaux et les voyageurs.

Les quais de Mâcon sont larges et bien pavés, et l'on y aborde, par la Saône, auprès d'un escalier de vingt à trente marches, qu'il faut monter pour entrer dans la ville ; un

beau pont en pierre, qui a treize arches de
longueur, fait communiquer les deux parties
de la ville ; cependant le faubourg, qui se
trouve au-delà du pont, appartient au département de l'Ain, tandis que la ville est du
département de Saône-et-Loire.

On se rembarque pour se rendre à Lyon,
et l'on côtoye plusieurs villes bâties sur les
rives de la Saône, telles que Belleville, Ville-
Franche et Trévoux. Cette dernière ville est
fort agréablement située ; elle s'élève en amphithéâtre sur le bord des eaux de la
Saône, et les jolis jardins qui tiennent aux
maisons donnent à la ville un aspect enchanteur.

Après avoir doublé plusieurs îles, on arrive
à Lyon en naviguant sur la Saône. L'aspect de
cette ville, dont les maisons sont adossées à
une chaîne de rochers, a beaucoup de majesté. Les vastes quais, les bâtimens de la caserne et le beau pont Serin, qui contrastent
avec la tristesse des roches sombres, offrent le
tableau d'une magnificence sauvage et redoutable ; vers la droite on aperçoit, sur la roche
enfumée, la statue d'un guerrier : il est debout, un casque doré brille sur sa tête ; d'une

main il s'appuie sur sa lance, de l'autre il
tient une bourse: c'est là cette statue que l'on
appelle l'*Homme du rocher*. On raconte que
c'est l'image d'un chevalier fameux par sa
valeur et son humanité. Après ses longs et
glorieux exploits, il se retira dans une petite
maison creusée dans le roc, et y mourut de
vieillesse. Il ordonna, par son testament, que
l'on conservât sa maison, et légua pour récompense de cet honneur une somme dont
le produit annuel est de six cents livres, pour
doter une jeune fille pauvre de la ville; ce
qui a lieu chaque année à certaine époque.
On a donc conservé cette maison avec un
religieux respect, et l'on a érigé à ce chevalier une statue auprès de sa maison, qui
a environ six cents ans d'antiquité.

Voilà, ma chère sœur, ce que j'ai observé
de plus remarquable dans mon voyage de
Paris à Lyon. Je vais partir de cette ville et
franchir les Alpes, que j'aperçois du quai du
Rhône se dessiner dans les cieux; je me sens
assez de santé pour marcher en avant; j'ai
voulu te l'assurer avant de quitter la France,
sachant trop combien ton sexe est prompt à
s'alarmer sur nos moindres fatigues. Tu te

seras déjà dit plus d'une fois, j'en suis certain : « Mon frère a-t-il tout ce qu'il veut, » bon souper, bon gîte, etc. ? » Sois tranquille, ma chère sœur ; le plaisir de voir me dédommagera de tout autre, hormis de celui d'être auprès de toi et de ton mari.

Adieu, TON FRÈRE.

TABLE INDICATIVE.

TABLE INDICATIVE

DES VILLES REMARQUABLES ET DES CURIOSITÉS QUI SE TROUVENT DANS LES VILLES ET SUR LES ROUTES DE PARIS A LYON.

———◆———

Ire. LETTRE. — LYON.

Pages

FIN DE LA TABLE INDICATIVE.

TABLE ITINÉRAIRE.

4

TABLE ITINÉRAIRE

DES VILLES, BOURGS, VILLAGES ET HAMEAUX QUI SE RENCONTRENT SUR LA ROUTE DE PARIS A LYON, PAR AUXERRE ET AUTUN.

———————

PARIS.	Ville capitale de la France.
CHARENTON.	Village et relais.
MAISONS.	Hameau.
VILLENEUVE-ST.-GEORGES.	Village et relais.
LIEURSAINT.	Village et relais.
MELUN.	Ville.
SIVRY.	Village.
LE CHATELET.	Village et relais.
L'ÉCLUSE.	Village.
PANFOU.	Village.
MONTEREAU.	Ville.
FOSSARD.	Hameau et relais.
VILLENEUVE-LA-GUYARE.	Village et relais.
PONT-SUR-YONNE.	Ville et relais.
ST.-DENIS.	Village.
SENS.	Ville et relais.
ROSOY.	Village.
VÉRON.	Village.
VILLENEUVE-LE-ROY.	Ville et relais.
ARMEAU.	Village.

4..

VILLEVALLIER............ Village et relais.
VILLECIEN............ ... Village.
JOIGNY................ Ville et relais.
LES VOVES............. Village.
BASSOU............... Village et relais.
APPOIGNY............. Village.
AUXERRE............. Ville et relais.
ST.-GERVAIS.......... Village.
ST.-BRIS............. Bourg et relais.
VERMANTON.......... Ville et relais.
LUCY-LÉ-BOIS......... Village et relais.
SAUVIGNY............ Village.
AVALLON............. Ville et relais.
CUSSY-LES-FORGES....... Village.
ST.-MAGNEANCE........ Village.
ROUVRAY............. Bourg et relais.
LA ROCHE-EN-BRENY..... Village et relais.
SAULIEU............. Ville et relais.
PIERRE-ÉCRITE...... ... Hameau et relais.
CHISSEY............. Village et relais.
LUCENAY-L'ÉVÊQUE..... Bourg.
AUTUN.............. Ville et relais.
ST.-ÉMILAND.......... Village et relais.
COUCHES............. Bourg.
ST.-LÉGER............ Village et relais.
BOURG-NEUF.......... Bourg et relais.
CHALONS-SUR-SAONE..... Ville.

Ici l'on quitte la diligence de terre pour prendre la diligence d'eau sur la Saône.

On côtoye les villes ci-après :

TOURNUS............... Bourg et relais.
VALLARS.............. Village.
MACON................ Ville et relais.
BELLEVILLE. .... Ville.
MONTMARLE. .... Bourg.
VILLE-FRANCHE........ Ville.
TRÉVOUX............. Ville et relais.
NEUVILLE. .... Ville.
LYON................ Ville.

Par cette route de Paris à Lyon, l'on compte 119 lieues.

TURIN.

LETTRES

A MA SŒUR

PENDANT

MON VOYAGE EN ITALIE.

●•●

LETTRE SECONDE.

Turin, Mercredi 20 Mars 1822.

Ma chère Sœur,

J'ai donc traversé cette chaîne énorme de montagnes que l'on nomme les Alpes : spectacle très intéressant pour moi, qui n'avais jamais vu ces montagnes qu'en peinture. J'avoue que j'ai été surpris, épouvanté, attristé et ennuyé tour-à-tour. J'ai mis six jours à faire le voyage de

Lyon à Turin avec un voiturier; nous faisions quatorze à quinze lieues par jour. Sur ces six jours, j'en ai passé cinq dans le fond ou sur la hauteur des montagnes, un grand nombre arides et incultes, quelques-unes cultivées partout où la main de l'homme peut atteindre.

Depuis Lyon jusqu'à la Tour-du-Pin, ce sont des pays de plaines; on ne rencontre sur la route aucune chose remarquable; on traverse plusieurs villages, tels que Bron, Saint-Laurent-des-Mûres et la Verpillière; on couche à la Tour-du-Pin, jolie petite ville. Le lendemain on passe par le Gaz et les Abrets, deux villages assez pauvres. Avant d'arriver à Pont-de-Beauvoisin, le premier beau spectacle qui frappe le voyageur, en s'éloignant de la Tour-du-Pin, ce sont les nombreuses sommités des montagnes de Savoie, qui, au lever du soleil, offrent un très beau coup-d'œil; les cîmes de ces montagnes, toutes blanchies par les neiges, se dorent à l'éclat du soleil levant, et semblent être tout en feu comme le firmament dans lequel elles se confondent.

Pont-de-Beauvoisin est la ville frontière de France. La rivière qui partage la ville en deux parties, est le Guiers. Un soldat français est en faction à l'une des extrémités du petit pont qui unit les deux quartiers de la ville, et un soldat piémontais est aussi en faction à l'autre extrémité; une partie de la ville est française et l'autre partie est dépendante de la Savoie, sous la domination du roi de Sardaigne. Je passai ce pont après les cérémonies d'usage pour les douanes et les passeports, et je quittai ma patrie non sans émotion. Il m'est arrivé déjà plusieurs fois de passer de mon pays aux terres étrangères, et j'avoue que cette transition m'a toujours causé de la tristesse.

Les campagnes qui environnent la route pendant deux lieues, quoique montueuses, sont fertiles et bien cultivées; mais bientôt un affreux chemin vous attend : c'est le Passage de la Chaille. Il est impossible, je crois, de voir rien de plus hideux que cet endroit; et pendant cinq jours que j'ai marché à travers les roches pendues sur ma tête, ou auprès des précipices, rien ne m'a semblé plus effroyable : cependant le chemin est sûr; il est taillé dans la montagne dite des Rochers, qui a environ deux lieues de longueur; le chemin a quinze à vingt pieds de large; des rochers immenses et sombres, tout déchiquetés par les eaux des pluies ou par les fontes de neige, pendent au-dessus de votre tête et semblent menacer de vous écraser et de vous engloutir; de l'autre côté, sur la droite, c'est un précipice creusé entre deux montagnes, au fond duquel on entend mugir le torrent appelé Guiers. Tout ce que les poètes ont raconté des portes de l'Enfer convient à merveille à ces lieux véri-tablement infernaux. Au-delà du Guiers, les campagnes, qui s'étendent à perte de vue sur la droite, appartiennent à la France; ainsi, du haut de la route, quoiqu'en pays étranger, j'eus encore la satisfaction de porter mes regards sur ma patrie.

Enfin, après avoir été épouvanté pendant une heure, on arrive, par un chemin environné de terre calcaire, aux Échelles de Savoie, village misérable et presque sans ressources, que les habitans ont la vanité de vouloir appeler ville. Après avoir dîné fort légèrement avec quelques œufs frais et une soupe à l'eau chaude salée, j'ai pénétré par une belle chaussée dans la montagne des Rochers. Pendant dix ou douze lieues on ne voit que l'aspect hideux de rochers immenses de tuf.

En sortant de la petite ville des Échelles, la chaussée qui conduit à la grotte est d'une magnifique construction; sur la droite, le fond du précipice est large, et forme une jolie plaine couverte d'arbres et de verdure; on aperçoit des bestiaux qui paissent aux environs de plusieurs petites cabanes, dont on voit la fumée s'élever des foyers comme une colonne. Tous ces objets champêtres en rendent l'aspect très agréable. Au bout d'une heure, on arrive à la grotte et l'on passe sous la voûte pour pénétrer dans la montagne. Cette grotte est très remarquable. Charles Emmanuel, second duc de Savoie, a fait percer le flanc de la montagne, formée d'une espèce de pierre calcaire fort dure, dans une longueur de près d'un quart de lieue; deux voitures peuvent passer à l'aise sous cette voûte, d'où découlent des eaux produites par les pluies et les neiges. Lorsqu'on est arrivé au milieu de la galerie, on se trouve presqu'entièrement dans les ténèbres, et l'on n'aperçoit la lumière du jour que par les deux extrémités de la grotte; on y éprouve le froid le plus vif. Il faut ici admirer la force du génie et de la patience de l'homme, qui combat contre la nature dans les obstacles qu'elle oppose vainement à ses projets : l'audace, l'intrépidité, le travail, triomphent de toutes les entraves. Autrefois, avant que cette montagne n'eût été ainsi percée, il fallait monter par des marches creusées dans le roc vif, en franchir le sommet et descendre ensuite de l'autre côté dans l'intérieur de la montagne : c'est ce qui a fait donner à ce lieu le nom d'Échelles de Savoie, dont la petite ville qui en est la plus proche, a emprunté son nom. On voit encore ces degrés non loin du passage de la grotte. Entré dans le sein de la montagne, de toutes parts on ne voit que des roches de grès ou granit, incultes, sans un seul arbre, pas même d'herbe; tout est nu, et les regards attristés ne se reposent, pendant plusieurs heures de marche, que sur un horizon qui, par son aridité, semble vous faire douter si vous habitez encore la terre. Les eaux et les neiges ont sillonné ou criblé la pierre en tous sens par leurs écoulemens. Toute cette route inspire la tristesse, souvent l'admiration.

Cependant on trouve, quelque temps après, de la verdure, des maisons et des arbres çà et là.

C'est véritablement une merveille que cette route d'environ soixante lieues, tracée dans les montagnes, presque sans pente sensible; ce sont les Français qui, en grande partie, l'ont construite.

Dans les solitudes incultivables de la montagne des rochers, un accident malheureux augmenta la tristesse qu'inspirent ces lieux horribles. Lorsque nous traversions cette montagne, où le roc est nu, sans aucune espèce de verdure, pas même de sapins, qui se trouvent ordinairement partout, à-peu-près jusqu'aux sommets des monts les plus arides, une petite cariole, légère et découverte, passa à côté de nous avec rapidité. Au bout d'une demi-heure, nous aperçûmes que la cariole avait été renversée, et que, des trois hommes qui s'y trouvaient, l'un d'entre eux s'était brisé la tête contre le rocher. On nous dit que ces hommes étaient dans un état d'ivresse qui leur avait attiré ce malheur. On transporta le mourant dans une chaumière, non loin de St.-Thibaud-de-Coux, et là on lui prodigua des secours qui lui furent inutiles.

C'est près de ce village que l'on voit, sur

la droite, une très jolie cascade qui tombe avec majesté en flocons de neige, de plus de cent pieds de haut, et qui sort du roc vif: elle est d'un seul jet, et quoique son volume ne soit pas considérable, la limpidité de ses eaux, qui ressemblent à des perles vers sa chute, offre un coup-d'œil d'autant plus attrayant que le jet, dans toute sa longueur, tombe avec beaucoup de grâce.

On s'enfonce dans la Savoie et l'on va coucher à Chambéry, ville belle et assez riche; les maisons en sont élevées, bien bâties, et pour la plupart jouissent de jolis jardins plantés d'arbres fruitiers, ainsi que de mûriers, de vignes, auxquels on entremêle quelques sapins. Les pelouses verdoyantes en rendent l'aspect très gai; les maisons sont couvertes d'ardoises fort épaisses et d'un gris pâle; les ardoises abondent dans ces montagnes; aussi les toits des maisons et des chaumières, dans les villes et villages de la Savoie, en sont revêtus. La jolie rivière de Laysse, qui reçoit le torrent de l'Yère, fournit ses eaux limpides à la population de Chambéry, qui est de dix mille âmes. Un des plus beaux bâtimens de la ville est la caserne qui a été nouvellement construite. Les voyageurs sont parfaitement traités à Chambéry, et à très bon compte; les habitans joignent, à la douceur de leur caractère, une grande simplicité de mœurs qui distingue en général le peuple savoyard.

Non loin de Chambéry, qui est environné de montagnes, la plus curieuse est celle dite la Dent-de-Nivolet, dont la cîme, qui figure une dent, lui a fait donner ce nom.

A une lieue au sud de Chambéry, on découvre au loin les abîmes du Myans, où l'on raconte qu'une ville, appelée Saint-André, fut engloutie avec seize villages qui l'environnaient, par la chute d'une montagne, ou bien par l'excavation soudaine de ce vaste terrain : les aspérités du sol semblent attester cet événement désastreux qui désola cette province il y a cinq ou six siècles.

En quittant Chambéry on entre dans une longue allée d'arbres : elle a deux lieues en droite ligne, et mène à la petite et affreuse ville de Mont-Mélian, située sur les bords de l'Isère. Cette belle avenue qui y conduit est bornée par un rocher : il masque entièrement la ville placée derrière; c'est sur ce vaste roc qu'autrefois était bâtie une forteresse; cette masse énorme défendait Mont-Mélian contre toute entreprise militaire. La position de cette ville est très forte, car la grande rivière d'Isère la défend vers le sud ; et vers l'est, elle est à l'abri par l'énorme chaîne de montagnes des Beauges, qui s'étend à perte de vue ; l'Isère coule entre cette chaîne des Beauges et la chaîne des Alpes. Le lit de cette rivière est bourbeux, rempli d'îlots ou amas de fange noire ; les ondes en sont de couleur des ardoises qui s'y décomposent, car les montagnes des environs en sont remplies. C'est pour ainsi dire le Cocyte que l'on traverse pour entrer dans un pays véritablement bien déplorable, qui est la Combe de Savoie, et ensuite la vallée de Maurienne.

Une misère soit réelle, soit apparente, se manifeste aux regards affligés en traversant ces profondes vallées. Les habitans sont laborieux et d'une simplicité de mœurs qui engage à plaindre leur sort ; ils transportent des paniers de terre jusque sur les cailloux des torrens : c'est là qu'ils récoltent le meilleur vin, du nom de Saint-Julien, et autres. Chaque village ou hameau semble ne former qu'une famille, à cause des travaux qu'ils sont obligés de faire en commun. Les biens de chaque habitant sont marqués par des bornes comme en France : lorsque, sur les flancs des montagues cultivées, il arrive qu'une avalanche et les fontes de neige ont emporté le terrain supérieur appartenant à l'un d'eux, et en ont précipité la terre sur la propriété de celui qui se trouve au-dessous, tous les habitans du village, qui sont convenus de se rendre ce mutuel service, reportent, avec des paniers, les terres éboulées à la place qu'elles occupaient avant l'accident ; de même que pour l'écoulement des fontes de neige, ils travaillent tous en commun à ouvrir des tranchées, afin que les eaux des torrens causent moins de ravages. C'est ainsi qu'ici-bas, tandis que la prospérité divise les hommes, souvent le malheur les unit.

En sortant de Mont-Mélian on passe sur un pont de bois et de pierres très mal entretenu ; et lorsque l'on gravit la colline, qui est comme le premier degré des Alpes, on voit le fougueux torrent de l'Arque se réunir à l'Isère. Ce torrent descend les montagnes des Alpes, non loin du Mont-Cénis, et coule dans l'immense vallée qui s'étend depuis ce mont

5..

jusqu'à l'Isère. On passe dans plusieurs petites villes ou villages dont l'aspect est d'une excessive pauvreté : les principaux sont le chétif hameau de Mataverne, les villages d'Aiguebelle et de la Chapelle, ensuite la Chambre.

Ici les deux murailles de montagnes formées par la double chaîne des Alpes, s'élèvent de plus en plus; la vallée se rétrécit et devient une gorge fort étroite. L'Arque coule, tantôt sur la droite, tantôt sur la gauche de la route. Enfin on arrive à la ville de Saint-Jean de Maurienne, l'une des plus considérables de ce pays; mais, hélas ! quelle tristesse ! quelle misère !...... des maisons d'un aspect hideux, mal bâties, sales et sans ornemens, des habitans couverts de haillons.

En sortant de cette affreuse cité, on traverse, sur un pont, un torrent qui roule ses ondes avec fracas entre des rochers de marbre et de granit; il se nomme l'Arvan.

Passant par Saint-Julien, petit village dont les environs fournissent l'un des meilleurs vins de la Savoie, je me fis donner une bouteille de ce vin, qui est en effet fort bon : il égale nos vins de Bourgogne du second ordre.

La petite ville de Saint-Michel a un aspect

moins misérable ; quelques maisons en sont grossièrement peintes à fresque ; l'exécution de ces peintures est bien loin d'approcher de nos papiers peints les plus communs. A quelques lieues de la ville on voit couler, sur la gauche de la route, qui commence à monter assez roide, le torrent impétueux de l'Arque, dont la rapidité en ce lieu est effrayante. Il a en cet endroit vingt pieds de profondeur et dix pieds de large : ses ondes s'élancent avec la rapidité du trait ; on ne peut y fixer les regards sans en être ébloui.

On n'est plus environné de toutes parts que de neiges et de glaces, et l'on ne voit plus que des sapins et des mélèses pendant deux jours. Bientôt le précipice dans lequel coule l'Arque devient plus profond, et plus on avance, plus l'abîme se creuse et s'élargit ; les eaux de l'Arque y forment des cascades naturelles, d'un aspect terrible à cause du mugissement que rendent les ondes toutes blanchies d'écume en se brisant contre les rochers.

On arrive à Modane ; c'est un misérable hameau ou village bien affreux ; cependant on y trouve une auberge. On est dans le séjour des éternels hivers : tout est glace et neige.

Dans ces parties de la Savoie, il n'est pas possible de se faire une idée de la misère et de la malpropreté des habitans et des habitations que l'on rencontre sur la route; cependant l'on m'a assuré que ce n'était pas faute de moyens s'ils étaient si déguenillés, mais plutôt insouciance ou sordide économie. Ce que l'on appelle ville, village ou bourg, ne mérite guère que le titre de hameaux chétifs, comparés aux villages de France. Ce sont des assemblages de chaumières à demi-pourries et ruinées par l'intempérie des saisons, où les habitans se retirent plutôt qu'ils n'habitent; enfin ils y vivent. On y rencontre quelques fermes qui n'ont pas tout-à-fait un air si délabré, mais elles sont bien rares.

Les crétins, espèce d'hommes qui paraît dégénérée, sont aussi hideux de corps qu'imbéciles d'esprit; les goîtreux et les goîtreuses s'y voient en si grand nombre, que presque tous, surtout les femmes, y sont affligés de cette difformité : les jeunes filles, même à l'âge de huit ou dix ans, ont déjà cette maladie apparente. Il y a des goîtres si monstrueux qu'on est obligé de les cacher aux regards sous des blouses en grosse toile qui couvrent ces infortunés depuis le cou jusqu'aux genoux. En général, le peuple savoyard est chétif, petit, maigre, pâle ou plutôt jaune cuivre.

Dans les vallées immenses où j'ai passé, j'ai vu les bergers et les bergères des Alpes, et, certes, il a fallu une vigoureuse imagination pour les représenter pleins de grâces et d'attraits ; ce sont de sales petits marmousets, entortillés dans des haillons d'une malpropreté dont on n'a pas d'idée en France.

Cependant auprès du Mont-Cénis, lorsque l'on s'élève du fond de la vallée formée par la chaîne des Alpes, les hommes y sont de haute taille et vigoureux, les femmes plus belles, et les goîtreux et crétins en très petit nombre. A Termignon et à Lans-le-Bourg, au pied du Mont-Cénis, le sang y est plus beau que dans tout le reste de la Savoie ; ce pays est élevé, découvert et bien aéré. Malgré tout, il est difficile de se faire une idée de la misère de ces bonnes gens et de leur malpropreté. Ils se trouvent contens, pourvu qu'ils ne meurent ni de froid ni de faim ; presque tous sont muletiers ou conducteurs de traîneaux ; les autres ne s'occupent qu'à déblayer les neiges et les glaces

amoncelées sur les chemins, pour faciliter le
passage des voyageurs, qu'ils aident dans la
traversée du Mont-Cénis avec beaucoup de
zèle et de dévouement.

En quittant Modane on est toujours dans
les neiges et les glaces; le froid devient plus
vif. Sur la gauche on voit bientôt les forts
dont les batteries sont dirigées contre la route.
Au fond du précipice qui borde la gauche
du chemin, on entend mugir le torrent de
l'Arque dans un lit fort resserré entre les
roches des montagnes: ici le précipice est si
profond qu'on ose à peine y fixer les regards,
et l'on est surpris d'apercevoir un pont d'une
seule arche qui établit la communication du
flanc d'une montagne au flanc de la montagne
voisine. Autrefois, en descendant cette route
à travers une forêt très touffue de sapins et
de mélèses, on avait le précipice vers la droite;
cette route était peu commode, on ne pouvait
y passer qu'un à un, et les mulets seuls y
pouvaient marcher. D'abord les Français
construisirent les forteresses qui commandent
la nouvelle route et l'ancienne; puis ils jetè-
rent ce pont, qui unit les deux flancs du
précipice; et bientôt après ils construisirent,

pour les voitures, cette belle route que l'on suit actuellement et qui est bordée sur la gauche par le précipice. Ce pont extraordinaire, qui unit les deux flancs de la montagne, s'aperçoit vers la moitié de la profondeur de l'abîme, deux mille pieds au-dessous de la route nouvelle; l'Arque mugit au-dessous, à environ douze cents pieds encore plus bas; on en est si éloigné que la fougue des ondes ne forme à l'oreille qu'un léger bruissement.

On arrive à Termignon, situé sur une hauteur, et l'on redescend par une belle chaussée à Lans-le-Bourg, au pied du Mont-Cénis. Quoique par la situation du pays l'hiver y dure environ sept à huit mois, l'homme y est d'une complexion robuste et de haute taille; il n'est pas rare d'y voir des habitans parvenir à une extrême vieillesse. A Lans-le-Bourg j'ai vu une femme, appelée Élisabeth Durieux, âgée de cent huit ans; on ne lui en aurait pas donné soixante; elle était droite, avait une démarche vive qui n'annonçait nulle caducité, voyant très bien et parlant d'un son de voix clair et ferme; elle me montra les débris de son auberge, qui avait été incendiée par les Autrichiens à leur dernier passage, ce qui l'avait ainsi réduite à la misère dans un âge si avancé : m'ayant présenté son extrait de baptême, elle me dit qu'elle ne vivait que des aumônes des voyageurs et de la commisération de ses compatriotes.

On quitte Lans-le-Bourg pour franchir le Mont-Cénis, qui sépare la Savoie du Piémont. En sortant de Lans-le-Bourg pour gravir le Mont-Cénis, on trouve, sur la gauche, une magnifique caserne nouvellement construite par les armées françaises, où l'on peut loger de quatre à cinq mille hommes : vis-à-vis cette caserne, les Français ont aussi jeté un beau pont sur l'Arque, qui passe en cet endroit. J'ai franchi cette vaste montagne par un très beau temps ; un soleil ardent et d'immenses tapis de neige et de glace, sont un phénomène difficile à expliquer. On monte les rampes, dont la pente est très douce et bien roulante : elles sont au nombre de six ; on arrive en gravissant cette route en spirale à un endroit appelé la Ramasse ; c'est là que les muletiers s'arrêtent, ou bien que les conducteurs de traîneaux vous font descendre à Lans-le-Bourg avec une rapidité et une adresse dignes d'admiration. Ici on est sur le plateau du Mont-

Cénis; on rencontre le hameau de Tavernet-
tes, et vis-à-vis, le lac du Mont-Cénis, qui s'é-
tend sur le plateau ; il était alors entièrement
gelé et couvert de neige, ainsi que les puits
naturels qui avoisinent ce lac abondant en
poissons excellens. La route est tracée au travers des neiges, qui s'élèvent à cinq ou six
pieds de haut, de manière à former un vaste
corridor que les cantonniers ont ordre d'entretenir. Quoique je fusse environné de neiges
et de glaces, la chaleur du soleil était si forte,
que je suais à grosses gouttes ; le beau ciel
d'azur paraissait à mes yeux dans tout son
éclat. En traversant le plateau du Mont-Cénis,
on rencontre plusieurs cabanes où se retirent
les cantonniers; ces cabanes servent aussi de
refuge aux voyageurs pendant les tempêtes.
Sur la gauche , on trouve l'hospice et les
vastes bâtimens de la caserne occupée à présent par les Piémontais, et qui a été construite
par les troupes françaises.

Au lieu d'un frère hospitalier, dont la
figure bienveillante, dans un si triste séjour,
m'aurait rassuré en me manifestant que j'y serais protégé par les hommes contre la fureur
des élémens, je vis venir à moi un militaire

qui, d'un ton assez dur et d'une mine rébar-
bative, me demanda mon passeport : cette
mesure que l'on pratique incessamment depuis que l'on est entré dans les états du roi de
Sardaigne, est un des plus grands désagrémens du voyage. En ce lieu, je trouve le
procédé non-seulement inutile, mais encore
presqu'aussi inhumain que ridicule, en considérant la situation des lieux où l'on est en
ce moment. Qu'arriverait-il si vous eussiez
perdu votre passeport depuis la dernière auberge où vous avez passé la nuit (car lorsque
l'on arrive à l'auberge pour y coucher, il faut
envoyer son passeport afin qu'il soit visé)?
qu'arriverait-il, dis-je, si votre passeport était
égaré? Certes on ne pourrait pas vous laisser
attendre et vous empêcher de passer outre,
lorsque les glaces et les neiges vous environnent, que la tempête vous menace d'une
heure à l'autre, et que les ouragans peuvent,
en peu de temps, amonceler les neiges sur
vous et en transporter douze ou quinze pieds
par-dessus votre tête. Il serait donc inhumain
de vous faire retourner, et il est indécent de
vous faire attendre. Ne savent-ils pas les con-
séquences de ce retard? Lorsque l'on passe vers

midi à cet endroit du Mont-Cénis, on ne peut arriver à Suze, c'est-à-dire absolument au seul lieu où il soit possible de loger, que vers sept à huit heures du soir; et c'est vous mettre en grand péril que de vous exposer à achever de descendre le Mont-Cénis pendant les ténèbres, la route étant bordée de précipices.

Je fais cette observation, parce que l'on abuse de cette mesure pour incommoder les voyageurs qui sont persécutés presque de lieue en lieue par la rapacité des préposés à l'examen des passeports. Les soldats, même en faction, ne rougissent pas de vous demander la *bonne-main* (ou pour-boire), lorsqu'ils vous ont fait exhiber votre passeport pour le faire viser, à deux pas, à leur corps-de-garde. Ces bonnes-mains que l'on donne aux soldats, jointes à celles qu'il est d'usage en Italie de donner aux douaniers pour les remercier d'avoir bouleversé votre malle et votre voiture, ne laissent pas que d'être dispendieuses pendant une route de plus de neuf cents lieues. J'ai calculé que cette dépense montait à environ 200 fr.; car, dans les grandes villes, on vous fait payer pour votre passeport, 3, 4, et jusqu'à 6 fr., sans compter les bonnes-mains. On devrait bien mettre ordre à cette vexation, car, sans parler de la dépense, elle devient insoutenable tant elle est répétée. Dans beaucoup d'endroits on vous demande votre passeport à la porte d'entrée de la ville, puis à l'auberge où vous déjeunez, puis à la porte de sortie, ce qui vous fait, pour une seule fois, trois visa, et par conséquent, en outre, trois bonnesmains; je laisse à penser l'énorme quantité de bonnes-mains lorsque l'on se trouve, pendant quatre mois, sur les grandes routes.

Après avoir traversé le plateau du Mont-Cénis, on descend la nouvelle chaussée pratiquée dans le roc vif, par les ingénieurs italiens, sous les ordres des Français. Si la route du côté de la Savoie est magnifique et en pente très douce, il faut en savoir gré à nos armées, qui ont aussi effectué la belle et merveilleuse chaussée qui traverse toute la Savoie. On doit également donner de justes louanges aux ingénieurs piémontais, qui ont dû éprouver de grands obstacles dans leurs travaux, puisqu'ils ont creusé la route dans des rochers de marbre et de granit : tous ces travaux ont été effectués par nos soldats français et piémontais, par corvées.

En suivant les sinuosités de ce chemin, on est comme suspendu sur l'abîme ; l'œil est épouvanté à l'aspect de la profondeur du précipice. Cependant on aperçoit avec surprise que le fond de l'abîme forme une vallée ou plaine, dite de Saint-Nicolas, dont la triste aridité rend l'aspect de ces lieux encore plus terrible. On laisse sur la gauche une belle cascade appelée la Rouche ; elle s'est creusé, par la longueur du temps et son impétuosité, un lit sinueux dans l'intérieur du rocher de granit, de sorte qu'on la voit disparaître, et que, lorsqu'en descendant on passe d'une rampe à une autre, on l'aperçoit de nouveau s'élancer du roc vif, au travers duquel elle s'est elle-même ouvert un passage. Enfin cette cascade est très agréable à voir par sa structure singulière.

On redescend le Mont-Cénis jusqu'à Suze par ce chemin taillé dans des rochers de granit nu, d'une perfection admirable ; toute cette route est néanmoins fort dangereuse à la descente ; elle est rapide à l'excès ; les tournans sont très brusques, la pente trop peu ménagée ; aussi l'on a établi de fortes barrières du côté du précipice avec beaucoup de raison.

On ne peut considérer sans émotion les rochers qui pendent sur votre tête; car plus on
s'enfonce dans la route en descendant les
rampes, et plus les roches coupées à pic s'é-
lèvent au-dessus de vous; les rochers énormes qui vous menacent d'en haut, et qui,
dans plusieurs endroits, semblent se disloquer,
ne plus tenir à la masse et tomber en ruine,
sont capables de faire frémir l'homme le plus
intrépide, s'il n'a pas l'habitude de ces sortes
de spectacles.

On arrive bientôt à l'avalanche de Vénaüs:
vis-à-vis, au fond du précipice, on aperçoit
le petit village de Ferrières, dont les maisons
ne paraissent, de la route, pas plus grosses
que des dés à jouer. Cette avalanche, du nom
de Vénaüs, a emporté dernièrement dans sa
chute, cinq hommes et toutes les barrières,
aussi bien que les bornes en granit que l'on
avait placées à cet endroit sur le bord du précipice; la brèche était de près d'un quart de
lieue : hommes et barrières, tout a été lancé
dans l'abime et est tombé auprès du village
de Ferrières. C'est un voyageur, habitant
du village, qui m'a dit avoir été témoin de
cet accident. Cette redoutable avalanche,

ou, selon l'expression italienne, *tombeau de neige*, croule tous les ans dans le précipice : malheur à celui qui se trouve sur la route à l'instant fatal ; néanmoins elle avertit de sa chute par un bruit semblable au tonnerre, qui dure près d'un quart d'heure : je ne sais comment ces cinq infortunés se sont laissé surprendre.

Enfin l'on aperçoit la ville de Suze, qui est située dans la vallée de la Cenise. La rivière de Doire-Ripaire qui descend du Mont-Ge-nèvre, que l'on voit sur la gauche, offre aux regards satisfaits ses ondes argentines qui brillent et serpentent dans la plaine ver-doyante et fleurie.

Suze est une jolie ville au fond de la vallée. Comme on la distingue parfaitement d'en haut, l'on croit y arriver en une heure ; cependant il faut cinq heures de marche pour y parvenir. Quand on en approche, on dirait que l'on s'enfonce dans un abîme ; c'est cette espèce de caverne que l'on nomme le Pas-de-Suze. Ce passage a été élargi par les troupes françaises, qui, de chaque côté, ont fait sauter des rochers énormes.

Pour se rendre de Suze à Turin il y a une

journée. En sortant de Suze, il faut traverser
l'aride plaine de Bussolino, qui n'est qu'un
amas de cailloux grisâtres que les torrens en-
traînent des montagnes et roulent çà et là
dans leur course impétueuse.

Ici les mœurs sont changées; jamais on n'entend parler de brigandage en Savoie; on y
voyage aussi sûrement la nuit que le jour;
mais en Piémont il n'en est pas de même.
Tout ce pays, qui a un aspect assez pauvre,
est réputé comme infesté de voleurs; les habitans n'ont pas la douceur de caractère des
Savoyards; on ne doit traverser la plaine de
Bussolino qu'en plein jour; on passe plusieurs
petits villages fort tristes, tels que Saint-
Georges, Saint-Antonio, Saint-Ambroise et
Avigliano, et l'on arrive à Rivoli, qui n'est
qu'à deux lieues de Turin.

A partir de Suze, les habitans ne parlent
plus français comme en Savoie, où l'on entend
le peuple s'exprimer mieux en cette langue
que beaucoup de nos habitans des provinces
de France. Les Piémontais parlent un patois
qui n'est que l'italien corrompu; les noms des
chemins, des rues, et les enseignes des marchands, sont écrits en ce jargon.

On passe par Rivoli, qui certes n'est pas aussi beau que la rue de Paris qui a pris ce nom. Les femmes y portent des bonnets faits en casques, qui leur donnent très bonne grâce; mais elles ne font consister leur parure que dans leur habillement de tête, car elles négligent le reste de l'accoutrement de manière à donner à penser qu'elles ne font guère cas de la propreté.

En sortant de Rivoli on entre dans une route magnifique, qui a deux lieues en droite ligne; on aperçoit déjà Turin, et au-dessus la Superga vers le sommet de la colline qui borde et termine l'horizon. C'est ici que commence la vaste plaine de la Lombardie, qui s'étend jusqu'à Venise. De l'un et l'autre côté de la route on voit des plaines très bien cultivées, mais sans arbres; on peut comparer cette route à celle de Saint-Denis à Paris, de même que l'aspect des terrains qui l'environnent.

Turin ou Torino est une très belle ville; les rues y sont alignées et fort larges; du milieu de la grande place Piazza-Castello, Place-Château, on aperçoit les quatre portes de la ville. On est étonné de voir l'extérieur des

6..

maisons si beau et si bien ordonné, et l'intérieur si malpropre.

C'est pour le coup qu'il faut coucher sur la paille de maïs : on n'a pour lit qu'un léger, mince et dur petit matelas sur une énorme paillasse, et, pour soutenir la tête, un traversin plat en laine piquée; telle est la coutume dans toute l'Italie.

La cuisine des Piémontais n'est pas du tout celle de France, et la malpropreté des lieux ne m'engage pas à faire grande chère : leurs mets sont de bon goût, mais fort désagréables à l'œil. On fait usage à Turin d'un pain dont la pâte est assez semblable à celle de nos gimblettes, à l'exception qu'elle n'est pas sucrée; mais ce qui rend ce pain remarquable et singulier, c'est la forme qu'on lui donne : il est long de trois pieds environ, et aussi mince que de fortes baguettes de joncs; on le sert sur la table par poignée, ce qui lui donne l'aspect d'un petit fagot : les Piémontais en sont très friands. Un autre aliment particulier au pays, c'est une espèce de bouillie que l'on mange ordinairement froide, à laquelle on donne la forme d'un gâteau ou fromage; cette bouillie est faite avec de la farine de maïs, et les Piémontais lui donnent le nom de *Polenta*; ils mangent avec délices ce mets fort simple, mais très nourrissant et d'un goût agréable.

J'ai visité les églises, qui y sont d'une magnificence et d'une beauté remarquables; l'or, l'argent, les marbres, les pierres précieuses, y sont prodigués : ces édifices sont en très grand nombre; je ne ferai mention que des principaux.

D'abord la Cathédrale, remplie de tableaux et de peintures à fresque; mais ce qu'il y a de plus curieux en cette église, c'est la chapelle où l'on conserve religieusement le Saint-Suaire : on y monte par un large escalier; elle est en forme de rotonde; la coupole en est très vaste, fort élevée, ornée de dorures et de peintures à fresque; les murailles et les colonnes sont en marbre d'un gris tirant sur le noir : cette teinte sombre inspire une sorte de mélancolie qui convient bien aux idées que fait naître la sainte relique que l'on y conserve; ce précieux monument est placé sur le grand autel, dans un coffre magnifiquement incrusté d'or, en forme circulaire, et dont les glaces permettent de voir le Saint-

Suaire, qui est déroulé et étendu tout autour, et renfermé dans ce catafalque somptueux.

J'ai vu aussi l'église de la Consolata; elle
est très fréquentée, mais non pas des plus
ornées. Les habitans ont une grande vénération pour une image de la Vierge, à laquelle
ils donnent le titre de Notre-Dame-de-Con-
solation, seul ornement de cette église.

Celle de Saint-Laurent est remarquable par
l'élévation et la majesté de sa coupole.

Saint-Philippe-de-Nerri est curieuse par la
beauté des marbres qui la décorent; en outre,
un grand nombre de beaux tableaux enrichissent les autels et les murailles.

Enfin l'église de Turin qui est la plus richement décorée, est celle du *Corpus Do-
mini;* elle est d'une magnificence éblouissante;
les marbres, les dorures, les mosaïques, les
fresques et les tableaux y sont dans une telle
profusion, que l'œil en est ébloui et l'imagination étonnée.

Ce sont là les principales églises de Turin; et les autres que j'ai parcourues ont presque toutes des beautés et des ornemens qui
méritent d'attirer l'attention du voyageur cu-

rieux; j'engage même les Français à ne pas négliger de les voir, afin qu'ils se persuadent par la comparaison, à quel degré d'infériorité les églises de France sont de celles-ci; je n'ai pu les contempler sans faire des réflexions pénibles; car un pays aussi riche que la France ne devrait pas négliger les ornemens des lieux sacrés, puisque c'est là ce qui attire l'attention du voyageur en ce pays et qui enlève son admiration; c'est le genre de célébrité qui manque à la France.

Il y a aussi dans Turin plusieurs belles places : telles sont la Place-Château, au milieu de laquelle est un château-fort que les rois de Sardaigne n'habitent plus. La plus remarquable de ces places est sans contredit celle qui porte le nom de Saint-Charles; quoiqu'elle passe pour une des plus belles de l'Europe à cause de sa régularité et de la beauté de ses bâtimens, je trouve que la place Vendôme de Paris lui est bien supérieure en tout, sans même parler de la magnifique colonne en bronze que l'on y a érigée.

Il y a aussi dans Turin quelques fontaines, et un grand nombre de tuyaux par lesquels l'eau coule à une certaine heure marquée, ce qui entretient la propreté dans les rues de la ville.

La rue du Pô est la principale de Turin; la belle société s'y promène sous des portiques assez semblables à ceux de la place Royale à Paris; on y est embarrassé par une espèce de désordre de boutiques d'orfèvres, de marchands de fruits, de modistes, de pâtissiers, de chapeliers et de cordonniers qui laissent à peine le passage libre. L'autre promenade est celle qui côtoye le Pô. A Turin ce fleuve n'est que très peu large.

Sur le haut de la colline qui domine Turin, au-delà du Pô, est le lieu de la sépulture des ducs de Savoie, appelé la Superga; on l'aperçoit de Rivoli sur la belle route en ligne droite qui conduit à Turin. Après avoir traversé le Pô, en sortant de Turin, on gravit cette haute colline pour arriver à la Superga, où l'on voit une grande et belle église, dont les souterrains contiennent les restes mortels des ducs de Savoie et des rois de Sardaigne.

On m'a conduit chez un sculpteur en marbre; il m'a montré des statues qui me prouvent que cet art fleurit à Turin; je ne crois pas qu'à Paris il y ait en ce genre un artiste qui le surpasse en talent.

J'ai aussi visité le muséum des antiques, où l'on conserve quelques statues passables; mais ce dont j'ai été le plus frappé, c'est de deux groupes exécutés par un artiste de Munich, du temps de notre François Ier., et dont la perfection annonce que dans ce siècle l'art de la sculpture était bien plus avancé que de nos jours : l'un des sujets est le sacrifice d'Abraham, exécuté en ivoire; Isaac est à genoux sur le bûcher; son père le tient par la tête et va frapper la victime. Cette tête d'Isaac, d'un beau caractère, a une expression charmante, mélange de terreur et de soumission; la candeur et la résignation animent cette figure, dont les yeux bleus, formés d'une composition qui imite la nature, sont tournés vers le ciel. La figure d'Abraham est empreinte d'une majestueuse douleur : un ange détourne la volonté d'Abraham; il est placé au-dessus, ses ailes sont étendues, il semble voler à tire d'aile; ses formes, du genre des beautés idéales, sont célestes par leur délicatesse et leur perfection; toutes ces figures sont de demi-nature, et d'un fini admirable pour les formes et l'expression ; le poli en est merveilleux.

L'autre groupe est le jugement de Salomon. J'ai pesé dans mes bras l'enfant, qui doit être du poids de trente ou quarante livres, et les figures sont d'un seul morceau d'ivoire ; enfin ce sont deux ouvrages bien précieux, et que les statues des anciens ne sauraient effacer.

Quelques antiquités curieuses sont aussi renfermées dans ce muséum, entr'autres l'Amour endormi sur ses ailes, belle statue antique ; une momie entière et bien conservée, dont plusieurs dents sont intactes ; enfin quelques ouvrages modernes et assez remarquables : tels qu'un bouclier tout en fer travaillé au marteau, orné de ciselures, et représentant plusieurs figures d'une grande perfection ; une épée, que l'on dit avoir appartenu à François 1er., roi de France ; le pommeau de cette épée représente un combat de cavalerie en demi-ronde bosse ; les figures sont bien formées, et l'on s'étonne de la patience et de l'habileté de l'ouvrier ; car toutes ces figures, hommes et chevaux, sont en fer poli et ont été façonnées à la main. On y conserve aussi plusieurs autres curiosités assez peu importantes et que je passerai sous silence.

Au nombre des palais qu'il est bon de visiter, quoiqu'il n'y ait rien de bien merveilleux, l'on peut mettre le palais d'Aoste et le palais Carignan : ce dernier est bâti tout en briques, et n'est pas d'un aspect très agréable.

Je n'ai pas manqué d'aller voir la belle salle de spectacle de Turin, mais on n'y joue pas pendant le carême ; c'est de jour que je l'ai vue, elle est véritablement magnifique ; elle passe pour la plus belle de l'Europe ; les salles de spectacles de Londres que j'ai vues, et qui sont plus richement ornées que celles de Paris, ne sont rien cependant comparées à celle de Turin. Je suis allé au concert à une autre salle plus petite, nommée la Salle Carignan ; elle est fort jolie, et serait à Paris la plus belle de toutes celles qui existent ; la musique y est bien exécutée ; il y avait deux chanteurs assez bons, et deux cantatrices qui ne manquaient ni de voix ni de méthode.

Il est d'usage dans les spectacles d'Italie de ne point du tout se gêner pour écouter les acteurs ; et quoique ce fût un concert, les spectateurs, bien loin d'être attentifs et en silence, causaient, fredonnaient, s'appelaient à haute voix comme s'ils eussent été dans une place publique ; à peine quelques morceaux de musique instrumentale et deux ou trois airs de chant ont-ils pu obtenir un moment de silence. Il semble que le spectacle soit la dernière chose qui occupe le parterre et même les habitans des loges. Enfin celui qui a été s'étourdir et se faire fouler dans les tumultes du bal de l'Opéra de Paris, peut se former une juste idée du désordre et du tapage qui vous assourdissent dans les salles de spectacle italiennes. Les Piémontais, qui sont dans les lieux publics et les promenades, assez tranquilles et réservés, semblent avoir changé entièrement de caractère lorsqu'ils sont réunis dans les salles de spectacle : leur turbulence forme un contraste si marqué que l'on croirait les spectateurs d'une autre nation que celle parmi laquelle on vient de se trouver au dehors.

Puisque je parle, ma chère sœur, des plaisirs et des amusemens de ce pays, je ne terminerai pas ma lettre sans te décrire un jeu inconnu en France. Lorsque l'on approche de

Turin, on commence à entendre dans les cafés, les rues, les places publiques, et jusque sur les grands chemins, l'explosion de ces cris occasionnés par ce jeu que le peuple italien aime avec passion, et qu'il nomme *Jeu d'Amour*. On pourrait se tromper sur cette simple dénomination, car il n'y est nullement question de tendresse, mais d'intérêt pécuniaire ou de régal : c'est entre hommes qu'il se joue. Ce jeu est si bruyant et anime à un tel point les joueurs, que, dans les lieux publics où l'on reçoit la bonne compagnie, on est obligé d'afficher en gros caractères : *Ici l'on ne joue pas à l'amour*. Voici en quoi il consiste : il n'est besoin pour le jouer que des mains seules, la voix de l'un des joueurs fait le reste ; les doigts de la main gauche servent à marquer les points gagnés, et l'on convient du nombre de points qu'il faut obtenir le premier pour avoir gagné la partie ; le principal exercice est celui que fait la main droite ; l'un des deux joueurs prononce clairement et à voix haute le nombre qu'il lui plaît, depuis un jusqu'à dix : il a le choix ; l'autre est attentif ; en même temps les deux joueurs, avec les doigts

de la main droite au hasard, marquent, en
les ouvrant, le nombre de doigts qu'ils
croient devoir correspondre au nombre qui
est crié par l'un d'eux; on fait le total du
nombre de doigts levés par les joueurs; celui
qui a deviné juste marque un point; s'il
s'est trompé, c'est l'autre qui marque; l'on
peut jouer ce jeu debout ou assis, en voya-
geant, en se promenant, et il échauffe à un
tel point les deux parties intéressées, qu'il
semble que ces deux personnages soient occupés d'une grande affaire, tant ils sont sérieux et comme enflammés d'une espèce de
fureur; celui qui prononce les nombres finit
par crier à si haute voix que le repos public
en est troublé; enfin ce jeu devient une passion si fatigante, qu'il y a un dicton italien
ainsi conçu : *Qui joue à l'amour ne vit pas
long-temps*, parce qu'il arrive souvent que
celui qui proclame les nombres, s'égosille à
un tel point, qu'il finit quelquefois par cra-
cher le sang, et toujours par s'enrouer; aussi
il n'est pas rare de voir mourir de la poitrine
ceux qui sont passionnés pour ce jeu, répandu dans tout le Piémont comme dans toute
l'Italie.

Je ne puis te détailler dans une lettre tous les objets qui ont attiré mes regards et mon attention ; je ne parle que des choses principales , et surtout de celles qui sont particulières au pays et qui peuvent avoir quelqu'intérêt pour toi. Le désordre ne peut manquer de se trouver aussi dans des lettres écrites sur les lieux mêmes ; celui qui écrit ses voyages en voyant, est pour ainsi dire comme le poète lyrique dont l'imagination est frappée d'une foule d'images et d'idées ; il est comme hors de sens, et dans son étonnement il ne saisit que les principaux traits, dont il compose ses chants poétiques , afin de frapper plus vivement les esprits ; aussi son ouvrage se ressent de l'agitation qui bouleverse son âme , et ne peut manquer d'en retracer le désordre. Tu trouveras donc dans mes lettres ce peu d'arrangement occasionné par l'immense variété des objets qui ont frappé mes regards et qui assiégent en ce moment mon esprit ; cependant la peinture en sera plus vive, plus naturelle et plus vraie, que si, prenant le temps de classer mes idées , je laissais mon imagination se refroidir.

Je pars demain matin à cinq heures pour Gênes, d'où je te ferai savoir de mes nouvelles; adieu, je t'embrasse.

Ton frère, ALPHONSE.

P. S. Ce qui m'étonne en ce pays, c'est qu'il fait une chaleur telle qu'on ne peut marcher au soleil, et qu'il n'y a pas encore l'apparence de feuilles aux arbres.

TABLE INDICATIVE.

TABLE INDICATIVE

DES VILLES REMARQUABLES ET DES CURIOSITÉS QUI SE
TROUVENT DANS CES VILLES ET SUR LA ROUTE DE
LYON A TURIN.

IIe. LETTRE. — TURIN.

A.

7..

L.

M.

N.

O.

P.

R.

V.

FIN DE LA TABLE INDICATIVE.

TABLE ITINÉRAIRE.

TABLE ITINÉRAIRE

DES VILLES, BOURGS, VILLAGES ET HAMEAUX QUI SE RENCONTRENT SUR LA ROUTE DE LYON A TURIN PAR LE MONT-CÉNIS.

LYON.................... Ville.
BRON.................... Village et relais.
ST.-LAURENT-DES-MURES.. Village et relais.
LA VERPILLIÈRE......... Bourg et relais.
BOURGOIN.............. Ville et relais.
RUY.................... Hameau.
CESSIEUX.............. Village.
LA TOUR-DU-PIN....... Ville et relais.
LE GAZ................. Village.
LES ABRETS............ Village.
PONT-DE-BEAUVOISIN..... Ville et relais.

Ce sont ici les frontières de la France. Lorsque l'on a traversé le petit pont jeté sur le Guiers, qui coule au milieu de la ville de Pont-de-Beauvoisin, on est en Savoie.

PASSAGE DE LA CHAILLE... Chaussée taillée dans les rochers.
LES ECHELLES.......... Ville et relais.
LA GROTTE............. Passage sous la montagne des rochers.
SAINT-THIBAUD-DE-COUX.. Village et relais.

CHAMBÉRY............... Capitale de la Savoie, ville et relais.

SAINT-JEOIRE.......... Village sur la gauche.

MONT-MÉLIAN........... Ville et relais.

On passe l'ISÈRE........ Pont vaste et mal entretenu.

PIED-GAUTIER......... Hameau.

MATAVERNE........... Village et relais.

BOURGANEUF.......... Village.

AIGUEBELLE........... Village.

LA CHAPELLE.......... Village et relais.

LES CHAVANNES........ Village.

LA CHAMBRE.......... Village.

LONTAMAFREI.......... Village sur la gauche.

HERMILLON........... Village.

ST.-JEAN-DE-MAURIENNE.. Ville sur la droite ; relais.

SAINT-JULIEN......... Village.

SAINT-MICHEL......... Bourg et relais.

FRANCOZ.............. Village.

MODANE.............. Village et relais.

VILLARODIN........... Village.

BRAMANT............. Village non loin de la chaussée nouvelle.

LE VERNEY........... Village et relais.

SOLIÈRES............ Village.

TERMIGNON........... Village.

LANS-LE-BOURG au pied du Mont-Cénis.......... Village et relais.

Ici on prend des muletiers et des mulets jusqu'à la Ramasse.

La Ramasse sur le plateau Cabaret et quelques ca-
  du Mont-Cénis. . . . .   bancs.
La Caserne et l'Hôpital Poste gardé par des trou-
  du Mont-Cénis. . . . . . .   pes piémontaises.
Molaret. . . . .   Hameau et relais.
Martino. . . . .   Hameau.

Tous ces villages de la Savoie ne pourraient être regardés en France que comme de chétifs hameaux ; aussi il faut que le voyageur se munisse de quelques vivres, parce qu'il arrive souvent que l'on ne trouve aucune nourriture dans ces villages, même à peine du pain et du vin.

Suze au pied du Mont-
  Cénis. . . . .   Ville et relais.
Bussolino. . . . .   Village.
Saint-Georges . . . .   Village et relais.
Saint-Antonin. . . . .   Village et relais.
La Chiusa. . . . .   Village.
Saint-Ambroise. . . . .   Village.
Avigliano. . . . .   Village et relais.
Rivoli. . . . .   Village et relais.
Turin . . . .   Ville capitale du Piémont.

De Lyon à Turin. .   81 lieues.
De Paris à Lyon. . .   119
———————
De Paris à Turin. .   200 lieues.

FIN DE LA TABLE ITINÉRAIRE.

GÈNES.

LETTRES

A MA SŒUR

PENDANT

MON VOYAGE EN ITALIE.

•••

LETTRE TROISIÈME.

Gènes, 28 Mars 1822.

Me voici à Gènes, ma chère Sophie, sans accident, et j'ai franchi la chaîne des Apennins. Au sortir de Turin on traverse le Pô, l'on gravit une colline qui domine le fleuve, et l'on voit avec plaisir plusieurs maisons de campagne vers la droite au-delà du Pô. Elles sont dans une position fort champêtre. La principale est celle dite du Valentin, qui n'a véritablement de magnifique que le titre

8..

qu'on lui donne : on lui accorde celui de Maison royale. Je me rappelai, à cause de la ressemblance de la situation de ces maisons de campagne, toutes les belles et agréables habitations qui, aux environs de Paris, ornent les bords de la Seine ; et certes le parallèle est bien à l'avantage de mon pays. Jusqu'à présent je n'ai rien vu qui soit comparable aux bords enchanteurs de la Seine, ni à la vallée de Montmorenci.

Depuis Turin jusqu'à Novi on est presque toujours dans des plaines immenses, très riches et très bien cultivées. Ce sont les fameuses plaines de la Lombardie, qui s'étendent depuis Rivoli jusqu'à Venise. Elles ne sont bornées dans le Piémont que par les Apennins, frontières de l'ancienne république de Gènes, et s'étendent vers le sud-est de la France jusqu'au comté de Nice, qui en est séparé par la chaîne des Alpes.

Pour arriver à Asti, on traverse plusieurs villages et hameaux qui n'ont rien de remarquable. Piorino est le plus considérable, et même il prend le titre de bourg.

Asti est une grande ville toute délabrée : on dit qu'elle est aussi vaste que Turin ; mais il y a bien de la différence, car Asti a l'air d'une ville ruinée qui aurait été prise d'assaut. Il n'y a de remarquable dans cette ville que les débris de ses remparts, et les restes de ses tours, qui sont presque toutes démolies. On y montre aussi une maison qui fut celle du célèbre poète tragique italien Alfiéri; elle est conservée avec vénération.

Un grand nombre des maisons qui composent la ville, sont assez bien bâties et fort grandes; elles ont pu être habitées autrefois par l'opulence; mais c'est la misère ou l'avarice qui les possèdent à présent. Cependant Asti est recommandable sous un autre rapport; c'est-à-dire que l'on récolte aux environs les meilleurs vins rouges et blancs du Piémont; et en effet j'ai trouvé ce vin plus agréable et moins chargé que presque tous ceux que j'ai bus depuis ma sortie de France. On y élève aussi une grande quantité de vers à soie qui sont d'un produit considérable.

Les plaines se développent au loin ; on laisse derrière soi les Alpes, et l'on a en perspective les Apennins ; la vaste étendue de terre qui les sépare, annonce, par sa fertilité et sa bonne culture, un pays riche et abondant en toutes les choses nécessaires et agréables à la vie. Cependant on y vend tout aux voyageurs à un prix exorbitant.

On passe à d'autres villages, et on entre à Felizzano, qui est à Alexandrie ce que Rivoli est à Turin, c'est-à-dire ce que Saint-Denis est à Paris. Ce vilain bourg de Felizzano, tout rouge des briques dont il est construit, depuis les fondations jusqu'aux toits, est d'un aspect hideux et misérable.

Enfin on arrive à Alexandrie, qui de loin ressemble à un grand village; cependant cette ville est très forte. Sans me connaître beaucoup en fortifications, je pense que, bien défendue, il serait difficile d'en venir à bout. Je crois qu'il n'y a rien de plus triste au monde qu'Alexandrie, si ce n'est les montagnes des Apennins qui se trouvent de ce côté.... O la grande vilaine ville d'Alexandrie! Néanmoins la place est si importante que le roi de Sardaigne la fait garder par des troupes autrichiennes, depuis les derniers troubles des Carbonari. Il n'y a que les remparts de cette ville qui puissent attirer l'attention, la citadelle, et surtout le beau pont couvert jeté sur le Tanaro; cet ouvrage, d'une longueur prodigieuse, ne me semble pas méprisable, sans parler de son utilité pour la défense de la ville. Cette cité d'Alexandrie est inférieure en beauté à la moindre de nos villes de France; elle a un aspect déplorable; car, outre la malpropreté des habitans, leur misère et leur friponnerie, on y voit, pour renfort d'agrémens, un nombre considérable de galériens qui font bruire leurs épouvantables chaînes en travaillant; enfin, si l'on veut s'ennuyer, enrager, et se faire écorcher vif dans les auberges, il faut demeurer seulement deux fois vingt-quatre heures à Alexandrie, dite *de la paille*.

La vaste étendue de pays qui environne Alexandrie, est parfaitement cultivée, mais elle est d'un aspect fort triste, car il n'y a presque point d'arbres.

Les habitans de ces plaines, et en général de la Lombardie, sont de haute taille, et semblent très robustes; les bœufs magnifiquement encornés, dont on se sert pour labourer et pour voiturer les fardeaux, sont si énormes, que de loin on les prendrait pour des éléphans, dont ils ont parfaitement la couleur cendrée.

J'ai passé par Marengo, petit hameau de cinq à six maisons ; il a donné son nom à la bataille gagnée par les Français sur les Autrichiens ; ce théâtre de nos exploits est une immense plaine semblable à celle de St.-Denis ; on a en perspective les Apennins, ce qui contribue encore à en accroître la tristesse. J'y ai vu la tombe des Français et celle des Autrichiens qui ont péri dans la bataille. On a ôté la pyramide sous laquelle le général Desaix était enseveli.

Passons à Novi, au pied des montagnes des Apennins. L'église a une façade fort belle ; l'intérieur n'offre rien de remarquable. Rien de curieux en cette ville, si ce n'est la grande affluence de mendians qui vous barrent le passage.

Une chose qui est plus singulière dans un autre genre, c'est l'étonnante saveur des mets que l'on vous présente ; ceux qui y sont habitués, je conçois qu'ils puissent s'en nourrir : quant à moi, il m'a été impossible d'en avaler une bouchée. Ils mettent de la fleur-d'orange dans les fritures de viande ; du sucre et du vinaigre dans les ragoûts, qu'ils nomment *agrodolce*, c'est-à-dire *aigre-doux*, et saupoudrent presque tous les mets de fromage râpé, ce qu'il ne m'est pas possible, non pas de trouver bon, mais seulement d'avaler sans goûter : j'ai donc été réduit au pain et au vin. Après un repas si léger je me suis enfoncé dans les gorges des Apennins, ce qui ne les a pas embellies à mes yeux. Elles ont cependant besoin de quelque prestige agréable pour en faire supporter l'horreur. Elles ne sont point audacieusement élevées dans les nues comme les Alpes; mais semblent plutôt ramper et tomber en ruines de toutes parts ; le sol en est grisâtre, et leur élévation mal conformée n'a pas cette imposante majesté des Alpes : point de neiges ni de glaces; c'est un sable brûlant et inculte; au lieu des pins de montagnes, des sapins et des mélèses, on ne voit que des châtaigniers couverts de mousse, et qui, dans ce moment, privés de leur feuillage, sont d'un bien désagréable aspect.

La Scrivia, immense torrent qui, dans certains endroits, a près d'une demi-lieue de largeur, marque son lit presque sec par des cailloux grisâtres qu'il roule lorsqu'il est enflé par les fontes de neiges et les pluies du

ciel; un espace très peu large est rempli par les eaux que j'entends rouler et mugir au fond des précipices.

Ces montagnes n'offrent que des périls aux voyageurs, sans leur donner la distraction des sites, des roches immenses, des grottes profondes et de la mâle verdure des arbres verts qui sortent leurs têtes des monceaux de neiges et de glaces : rien qu'un sol aride, et dont les habitans qui y vivent ne veulent point profiter. Ces paysans n'ont pas l'activité et l'industrie des Savoyards; aussi la rencontre des brigands est-elle toujours à redouter, en particulier au passage de la Bocchetta, autrement dit *des Assassins*; c'est une gorge affreuse où les voleurs vous attendent. Cependant on dit que les accidens de ce genre sont moins à craindre à présent.

Pour la route, elle n'est pas sans dangers quoiqu'assez bien entretenue; on y rencontre beaucoup de ravins, des descentes et des montées excessivement rapides, et nulle barrière du côté des précipices : défaut de précaution qui doit vous faire toujours tenir sur vos gardes.

Sur ma route, j'ai vu rouler au fond du précipice, qui heureusement en cet endroit est d'une faible profondeur, une charrette attelée de deux mulets : leurs deux conducteurs s'étaient endormis : sans la vigueur des mulets, qui se sont cramponnés pendant que la charrette les entraînait, ce qui a rendu la chute moins lourde, c'en était fait de l'équipage ; ni hommes, ni bêtes ne se sont tués. Nous les avons laissés chercher un endroit commode pour se faire hisser hors du précipice ; car je ne prévois pas comment ils pourront remonter vers la route autrement.

Un accident plus malheureux est arrivé à la diligence ; cette masse énorme a versé, et sur huit personnes qui s'y trouvaient, cinq ont été blessées, parmi lesquelles est un sexagénaire qui a eu trois côtes enfoncées. Ces infortunés voyageurs sont arrivés avant-hier au soir dans le palais Cambiaso, où je suis logé à Gènes. Si j'avais fait le voyage par la diligence, j'eusse été de la partie ; mais d'après ce que j'ai vu dans les Alpes, je crois qu'il vaudrait mieux faire le chemin à pied ou à cheval, que de voyager au travers des montagnes par les voitures appelées *diligences* ; c'est une masse trop pesante, et que les chevaux sont, en certains endroits, dans l'impossibilité de gouverner, quelque vigoureux qu'ils puissent être ; les voiturins sont les plus sûrs, et en outre on est plus à portée d'observer le pays et d'en conserver de profonds souvenirs : la lenteur qu'ils mettent dans la marche est peut-être un peu ennuyeuse, mais elle est nécessaire à tout curieux qui voyage pour s'instruire.

Du haut de la Bocchetta on aperçoit la Méditerranée ; ici les vents fougueux soufflent avec beaucoup de violence ; mais bientôt en descendant ils ne se font plus ressentir : la température est changée en cet endroit, qui est le revers méridional des Apennins. Avant la Bocchetta, c'est-à-dire dans la partie septentrionale, les châtaigniers se trouvaient absolument privés de verdure, et en descendant vers Gènes tous les arbres étaient alors couverts de feuillage ; on aperçoit de tous côtés de petites maisons peintes de diverses couleurs, répandues çà et là sur les flancs de la montagne ; et les petits jardins dépendans de ces maisons de campagne, étaient remplis de fleurs odorantes et de plantes potagères presque dans leur maturité : ce coup-d'œil est fort surprenant, et la différence de ces deux températures, dans un espace si rapproché, pourrait passer pour un phénomène.

On aperçoit bientôt Gènes après les maisons de campagne qui en forment le faubourg. La ville de Gènes est considérable; l'aspect de la mer près de laquelle elle est bâtie en amphithéâtre, est imposant; je suis allé en pleine mer pour en voir mieux le spectacle, qui a quelque chose de majestueux. Ce vaste amphithéâtre de maisons bâties sur le revers de la montagne, produit un très bel effet.

En entrant dans le beau port de mer de Gènes par le faubourg Saint-Pierre-d'Arena, la mer à perte de vue se développe vers la droite. On trouve sur le chemin, en suivant le quai, la porte dite de la Lanterne, pratiquée dans un énorme rocher qui s'avance jusque dans la mer et n'est qu'une prolongation des Apennins qui finissent en ce lieu. C'est sur le sommet de ce rocher que l'on a bâti la tour sur laquelle est placé un fanal, afin de diriger les marins pendant la nuit : ce qui lui a fait donner le nom de tour de la Lanterne. La porte est pratiquée auprès, dans le roc même.

Plus loin s'offre le palais des Doria; il n'est plus habité maintenant, car le cardinal

Doria, seul héritier de ce nom fameux à Gènes, demeure presque toujours à Rome. Ce palais n'est plus orné : ce qui s'y trouve de remarquable, est un assez joli jardin enrichi de terrasses en marbre blanc, au bas desquelles la mer vient se briser; et un bassin au milieu de ce jardin, d'où s'élève une assez mauvaise statue colossale représentant André Doria sous la figure de Neptune.

En avançant vers la ville, on passe la porte Saint-Thomas, où s'étend une assez grande place, appelée Aqua-Verde, parce que, avant qu'elle fût construite, c'était un vaste fossé ou marais qui défendait la ville de ce côté.

On entre dans la rue Balbi, qui se prolonge, sous différens titres, bien avant dans la ville, prenant successivement les noms de la Nunciata, puis celui de Novissima, enfin celui de Nuova. Presque tous les palais de Gènes sont bâtis dans cette rue, qui sert de promenade publique, comme étant la seule assez large, et pour ainsi dire l'unique rue de Gènes. L'on s'y rend de toutes les parties de la ville, afin de s'y réunir et de s'y promener.

Les Génoises portent le mezzaro, espèce de voile blanc en mousseline, qui encadre, pour

ainsi dire, leurs figures, en général fort jolies.
Les Génoises ont une démarche et un air plus
assuré que gracieux; leur costume, sans être
riche, est propre et élégant. L'usage veut que
les femmes se promènent ensemble et les
hommes de leur côté; l'on ne voit guère que
les étrangers donner le bras aux femmes
comme en France.

Les palais qui sont bâtis dans cette rue
dallée en marbre brut, ont presque tous des
portes à colonnes, et dans l'intérieur un escalier en marbre poli; c'est là ce qui en fait
toute la magnificence, car, à l'exception de
quelques tableaux, ces palais n'ont que peu
d'ornemens, si ce n'est cependant le palais
Durazzo. Il possède aussi une galerie de tableaux, une belle chapelle, une seconde
petite galerie où l'on voit plusieurs statues
grecques et quelques autres plus modernes;
enfin un buste de Vitellius, dont on estime
le travail. Mais ce qu'il y a de plus magnifique, c'est la belle terrasse tout en marbre
blanc poli; on y monte par un large escalier,
et l'on y découvre la vaste immensité de la
mer, qui n'est bornée à vos regards que par
l'horizon. De chaque côté de cette terrasse

sont pratiqués de petits fossés que l'on veut
bien nommer jardins ; les murailles en sont
tapissées de citronniers et d'orangers : ce palais est mal entretenu, et le roi de Sardaigne,
qui y vient passer quelques mois, ne le loue
que dix-huit mille francs pour l'année.

En allant à l'église Carignan, bâtie sur le
sommet d'un mont, il faut passer sur un beau
pont qui unit deux montagnes. Ce pont est
d'une prodigieuse hauteur, et le dessous des
arches est garni de maisons qui forment une
des rues de Gênes; l'aspect en est très singulier et l'invention hardie.

A l'église de San-Stephano-alle-Porte, qui
n'est pas éloignée de ce pont extraordinaire,
on voit le fameux tableau du martyre de
Saint-Étienne, peint par Raphaël et Jules
Romain. La partie supérieure du tableau est
du dernier; mais la scène principale, c'est-à-
dire le Saint Étienne et ceux qui le lapident,
sont de Raphaël même. Le saint, à genoux,
au moment où il est lapidé, a une expression
attendrissante et angélique; il est déjà frappé
à la tête; quelques gouttes de sang coulent sur
son visage; il tient les yeux attachés au ciel, où
la Trinité se dévoile à ses regards : les hommes

qui le lapident sont rangés en demi-cercle; ils sont nus jusqu'à la ceinture; leurs mines féroces contrastent avec les traits du saint martyr où respirent la douceur et l'espérance. Il y a beaucoup de mouvement dans la composition du sujet, et la vigueur du coloris égale la pureté du dessin; c'est un des plus beaux tableaux de Raphaël, et le seul qui existe à Gênes de ce maître célèbre. Du reste il n'y a rien de remarquable en cette église.

La ville de Gênes n'est, à bien dire, composée que d'une seule rue assez large; presque toutes les autres sont de petites rues ou allées, telles que la rue de l'Homme-Armé, à Paris; les maisons sont très élevées et se touchent presque vers les toits, de manière que l'on pourrait se donner la main de la fenêtre d'une maison à la maison d'en face. La plupart des rues sont dallées en marbre brut, espèce de magnificence qui n'en est réellement pas une en ce pays, puisque le marbre est plus commun dans les Alpes et les Apennins que la pierre de taille en nos pays. En outre, le marbre lorsqu'il n'est pas poli n'a pas plus d'apparence que le grès, et il serait impossible de distinguer que ces dalles et les bornes sont en marbre, si les habitans n'avaient le soin de vous le faire remarquer.

J'ai été visiter la fameuse salle de Serra : elle passe pour la plus riche de Gênes, et, dit-on, a coûté un million au marquis de Spinola, qui l'a fait bâtir et orner. C'est une belle dorure : les colonnes, leurs chapiteaux, les corniches, lambris et meubles, tout est doré ; mais cette magnificence n'est pas d'un excellent goût ; il y a quarante ou cinquante ans qu'elle a été arrangée. Les glaces, qui pouvaient être fort belles pour ce temps-là, et que l'on a fait venir de France, sont très médiocres auprès de celles que nous possédons à Paris et que l'on y fabrique journellement ; pour tout dire, en un mot, c'est un salon qui a plus de réputation qu'il ne mérite ; s'il était à Paris, l'on ne s'en occuperait pas du tout. Il était destiné à donner des *conversasioni*, genre d'assemblées pareilles à celles que l'on nomme en France des soirées.

Le palais Brignolet offre une collection de tableaux assez médiocres, si l'on en excepte une douzaine, dont quatre beaux Vandick ; ce sont trois portraits, et une tête de Christ admirable.

Ce qu'il y a de véritablement magnifique et au-dessus de tout éloge à Gènes, ce sont les églises ; la cathédrale est un édifice gothique en marbre poli blanc et noir par bandes ; l'intérieur est parfaitement d'accord avec l'extérieur ; la voûte est soutenue par d'énormes colonnes en marbre, et embellie de fresques de toutes parts. On y distingue une chapelle ornée de quatre colonnes de porphyre, qui soutiennent une espèce de dais carré en marbre, orné de bas-reliefs de la plus grande beauté. Des statues grecques antiques environnent cette chapelle.

L'église de la Nunciata est d'un misérable aspect à l'extérieur, mais très riche et merveilleuse dans l'intérieur. Ce sont d'immenses colonnes de marbre rouge qui soutiennent la voûte ; les dorures, les fresques et les ornemens embellissent les autels ; enfin tout y est digne de louanges. Je ne parle pas des tableaux qui y sont en profusion comme dans presque toutes les églises d'Italie, ces lieux sacrés sont comme des muséum.

Celle de Saint-Cyr, premier évêque de Gènes, est encore plus agréable à voir : la façade est toute en marbre blanc poli et très

9..

bien conservé, d'une éclatante blancheur;
l'intérieur est aussi en marbre blanc, ainsi que
les corniches, planchers, autels et statues. Autour de cette belle église, dans l'intérieur, sont
plusieurs bas-reliefs en marbre blanc, représentant des sujets tirés de l'histoire de la
Vierge. Ces morceaux de sculpture sont d'un
prix inestimable pour leur perfection.

L'église de Saint-Ambroise est remarquable
par le nombre des tableaux qu'elle renferme,
et surtout par la variété des marbres qui en
font l'ornement.

On ne pourrait finir si l'on entrait dans le détail des beautés de tous genres que renferment
ces somptueux édifices, et qui sont, sans contredit, ce qu'il y a de plus admirable à Gênes.

Un bruit singulier se fait entendre dans les
rues, occasionné par les mulets qui sont ferrés, pour ainsi dire, avec des pantoufles à la
chinoise, le fer se recourbant en haut et finis-
sant en pointe; le dessous est aplati comme
une lame. Dans cette ville on ne se sert pas de
charrettes, tous les transports s'y font à dos de
mulets.

La population de Gênes n'est ni polie ni
élégante, la plupart des gens du peuple sont

en costume de matelot, et les femmes couvertes
d'un mezzaro d'indienne à grandes fleurs;
l'aspect des rues n'est ni magnifique ni bruyant,
car il n'y a pas de voitures en cette ville, à
cause de l'impossibilité de la parcourir en
équipage. Tout le monde circule à pied ; l'on
rencontre bien rarement quelques cabriolets
ou carrosses à un seul cheval, qui passent uni-
quement dans la rue Balbi avec l'intention de
sortir de la ville pour se rendre dans les maisons de campagne qui se trouvent sur le revers
méridional des Apennins ou qui bordent les
rives de la Polcevera. Ainsi Gênes est une
ville triste et silencieuse, quoique peuplée,
puisqu'on porte le nombre de ses habitans à
cent mille. Les rues où l'on monte et descend en beaucoup d'endroits, sont très sombres
et peu fréquentées. Le soir la ville n'est point
éclairée, et la nuit fait rentrer chacun chez
soi. Il serait dangereux pour un étranger de
rester dehors dans les rues après la chute du
jour, car il ne pourrait s'y reconnaître (sans
parler d'accidens plus graves), et se trouve-
rait forcé d'aller, pour passer la nuit avec
moins de périls, se réfugier auprès d'une
chapelle, dont la madone est éclairée par la

dévotion des habitans : ce sont les seuls luminaires qui brillent dans Gènes pendant l'obscurité de la nuit. Je fais ici cette réflexion parce que je pensai me trouver dans cette nécessité, n'ayant pas songé à rentrer chez moi avant que le jour fût tout-à-fait tombé.

Quelques palais ou maisons sont ornés de peintures à fresque d'une très médiocre perfection; d'autres sont peintes de diverses couleurs : ainsi le palais Brignolet porte aussi le nom de Palazzo-Rozzo, ou Palais-Rouge, parce qu'il est peint de cette couleur, ce qui ne lui donne pas plus de majesté. Je ne suis pas accoutumé à regarder comme une décoration de palais ce dont les marchands se servent à Paris pour orner leurs boutiques; encore y mettent-ils plus de goût dans le choix des couleurs, qui sont beaucoup plus vives. Quelle que soit la méthode qu'emploient les Génois pour colorer leurs palais, je n'y trouve nulle beauté et n'en fais point de cas; ils ont eu meilleur goût dans la construction et les embellissemens de leurs églises que dans ceux de leurs habitations.

Je finis par te donner une idée du peuple de Gènes, qui ne sera pas favorable; je serais bien

fâché de vivre parmi eux ; je ne crois pas qu'il
y ait dans l'Europe un peuple plus trompeur
et plus intéressé ; il ne faut se fier à personne,
j'en ai été averti par un Génois même, qui,
meilleur que ses compatriotes par l'habitude de
fréquenter des étrangers, m'a confirmé dans
la mauvaise opinion que j'avais conçue de ces
gens-là. Enfin quand ces Génois, après avoir
cherché à vous appitoyer par leurs manières
rampantes, n'ont pu parvenir à vous tromper,
ils vous injurient de la manière la plus gros-
sière. Si l'on s'égare dans la ville et que l'on
demande sa route, il faut commencer par
payer celui que vous interrogez, autrement il
vous trompe et vous envoie d'un côté opposé.
Ne connaissant pas cet usage, comme la nuit
s'approchait, j'ai été obligé d'avoir recours à
un jeune ecclésiastique que je rencontrai, et
qui eut la complaisance de me ramener lui-
même à mon hôtel, quoique nous ne nous
entendissions guère ni l'un ni l'autre ; sans lui
j'aurais couché dehors. Je suis logé ici au palais Cambiaso, chez un Suisse, fort heureusement ; la plupart de ceux qui se trouvent à
table d'hôte sont Suisses ou Grecs. Il ne faut
point avoir affaire aux Génois.

Après avoir accordé mon admiration à ce qu'il y a de beau à Gènes, je dois aussi te révéler toutes les imperfections que j'y ai remarquées. Ce qui me choque le plus en cette ville, c'est qu'il n'y a réellement pas une seule promenade; toutes les maisons sont si pressées les unes près des autres, que l'on n'aperçoit que des murailles; les places sont fort petites et en petit nombre, encore ne peut-on pas positivement les appeler places, mais bien carrés ou cours. On est obligé, pour jouir du spectacle de la mer, de sortir de la ville et de faire une demi-lieue pour y parvenir, ou bien il faut grimper sur les remparts, qui sont aussi infectes que malpropres, et d'ailleurs si étroits, que dans plusieurs endroits il y faut passer à la file. Cette ville doit être empestée dans les grandes chaleurs; l'air n'y doit pas pouvoir circuler, à raison de la petite distance des maisons qui forment les rues ou ruelles. Il est triste de se condamner à être renfermé dans une semblable ville, qui n'offre pas d'endroits où l'on puisse respirer et se promener. Il n'y a pas de jardins dans la ville; il faut, pour en trouver, sortir des portes et gagner les rives du torrent de la Polcevera, dont le lit, presque toujours à sec, a près d'une lieue dans sa plus grande largeur : on le traverse à pied dans les beaux temps ; mais il est dangereux de s'y aventurer s'il y a de l'orage dans les Apennins, car on peut être surpris par la fougue des eaux qui descendent des montagnes voisines avec une telle impétuosité, qu'elles ont quelquefois englouti les imprudens qui, se trouvant vers le milieu, ne peuvent pas regagner les bords et sont emportés par la rapidité des ondes accourant à flots précipités. Un spectacle que j'aime toujours à voir, c'est celui de la mer ; dans la ville on ne peut en jouir qu'en grimpant sur les remparts.

Je ne fermerai pas ma lettre, ma chère Sophie, sans te donner quelques détails intéressans sur un phénomène extraordinaire et terrible qui s'est dernièrement manifesté dans la partie de la Méditerranée qui baigne les côtes de Gênes : ce phénomène est un tremblement de mer que les Génois appellent *maremoto*. D'abord des bruits souterrains se firent entendre, et la mer parut sombre et immobile ; mais bientôt les vagues s'émurent, le lit de la mer fut ébranlé : des vents impétueux sortaient de son sein et soulevaient les

flots; une furieuse tempête fut excitée subitement; tout le port trembla; les vagues s'éle-
vèrent à une si grande hauteur, que les habitans de Gènes craignirent d'être engloutis
avec leur ville sous les flots de la Méditerranée;
elle semblait vouloir franchir les hauteurs des
Apennins, barrière qui lui fut imposée par la
nature. Un grand nombre de navires à l'ancre dans les différens bassins du port, furent
démâtés, fracassés et submergés; il y en a
trois que l'on n'a pas encore dégagés de la vase
ou des roches qui les retiennent submergés;
une partie du môle fut arrachée et précipitée
au milieu des ondes. Je suis allé le lendemain,
dans ma barque, visiter ces vastes débris;
malgré la profondeur de la mer en ce lieu,
ils font apparaître leurs cîmes à la surface des
eaux, et forment en ce moment, à l'entrée du
port de Gènes, un écueil tout blanchi de l'é-
cume des flots qui accourent successivement
s'y briser. Il est à croire que l'on s'occupera
de retirer cette masse énorme de débris, car
elle serait capable de faire échouer les bâtimens dans le port même.

Un accident funeste vint encore redoubler
notre effroi; lamentable épisode en cet ef-

frayant tableau du désordre des élémens. Épouvantée par cet horrible fracas, toute la ville se portait en foule sur les grands quais pour y considérer les navires battus de cet orage souterrain; les uns par intérêt ou curiosité, les autres afin de donner des secours à ceux qui se trouvaient en proie à la tourmente. Un des vaisseaux emportés par la tempête était un bâtiment de nation espagnole : la violence des vagues le fit bientôt échouer contre des rochers à fleur d'eau qui bordent les quais vis-à-vis le palais Doria; au devant des terrasses de ce palais, ces quais forment avec le port un vaste bassin dont la figure est celle d'un croissant. Du côté de la pleine mer on a bâti une épaisse muraille derrière laquelle les vaisseaux abordés demeurent en quarantaine à l'abri des flots et des vents. Néanmoins ce bâtiment espagnol fut désancré et poussé vers les grands quais, où il échoua. Le corps de ce navire ayant été fracassé par les roches, il faisait eau de toutes parts. Le capitaine, homme de tête, voyant le péril, fait mettre les barques en mer pour sauver au moins les hommes de l'équipage. D'abord on lance une première chaloupe sur les flots qui

s'élevant dans les airs comme des montagnes,
emportent ce frêle espoir de leur salut. On
descend la seconde : elle a bientôt le même
sort ; l'effroi redouble dans tous les cœurs
consternés à l'aspect de cette nouvelle perte.
Enfin la troisième barque, dernière espérance
de ces malheureux naufragés, cette barque de
grâce, liée avec de forts cordages, est déposée
sur les flots courroucés : pendant ce temps,
le bâtiment fracassé se remplissait d'eau et
ne devait pas tarder à couler à fond : une
vague plus terrible que toutes les autres, enlève la troisième chaloupe, que la lame soulève et lance contre les quais ; elle est brisée
en mille éclats à la vue de ces malheureux
qui poussent des cris lamentables, implorant
l'assistance divine et les secours des habitans.
Après bien des essais inutiles, on parvient de
dessus le quai à leur lancer un câble, dont une
extrémité passée dans un des anneaux de fer
scellés dans le mur, était retenue avec effort
par plusieurs hommes : les naufragés le sai-
sissent avec transport ; à la vue d'un si faible secours, leur désespoir se calme, la joie
renaît avec l'espérance.

Le capitaine fait attacher ce câble au vaisscau le plus solidement qu'il est possible. Il ordonne à son équipage de se préparer à descendre dans la mer, en se retenant fortement au câble et d'après l'ordre qu'il allait assigner à chacun d'eux. Les officiers et les matelots, par attachement à leur capitaine, voulurent qu'il descendît d'abord, avant tous, pour se sauver le premier dans un danger si pressant; mais ce brave et digne chef s'y refusa constamment; comme ils le pressaient par leurs prières, il leur dit : « Non, mes amis, c'est » le dernier que je dois, que je veux aban- » donner notre navire; je n'en sortirai que » lorsque vous serez tous en sûreté : songez à » votre salut; quant à moi, je ne penserai » pas au danger qui me menace, tandis que » je verrai mes compagnons d'infortune se » soustraire à la mort. » Ces paroles héroï- ques excitèrent l'admiration et l'attendrisse- ment de tous ces marins qui le conjuraient de céder à leurs instances, en commen- çant lui-même la retraite; mais ce capitaine plein d'honneur fut aussi constant à demeu- rer le dernier sur son bord qu'il se montrait intrépide dans le danger. Ils furent donc con- traints de céder et de suivre l'ordre que leur chef leur assignait, c'est-à-dire de se sauver deux à deux, se glissant comme ils pourraient le long de ce câble, en nageant avec les pieds vers les quais, et retenant dans leurs mains le cordage qui les empêcherait d'être emportés par les vagues. Arrivés au bas des murailles, on les attirait avec des cordes que les habitans leur jetaient : enfin officiers et matelots étaient déjà parvenus à se mettre à l'abri du péril; il ne restait plus sur le bâtiment que le généreux capitaine et un matelot avec son fils, âgé de six à sept ans; cet enfant était mousse dans le navire. Le matelot, fermant l'oreille aux cris de la nature, ne voulait point se charger de son enfant, mais se sauver seul, et laisser cet être faible gagner aussi le port comme il le pourrait. Le capitaine s'y oppose, cherchant à le déterminer par les reproches, puis enfin par les menaces : ce père dénaturé refuse opiniâtrement d'obéir et de charger l'enfant sur ses épaules, comme le lui ordonne son chef. Alors le capitaine indigné saisit le matelot par le corps, et lui jure qu'il va le précipiter dans la mer s'il n'obéit sur-le-champ : le matelot épouvanté se soumet enfin aux ordres de son chef qui, en effet, dénouant sa cravate, attache l'enfant autour des reins du matelot, unissant ainsi le fils à son père. Cependant les ondes furieuses battaient horriblement le vaisseau, à tout moment sur le point de s'engloutir. Le matelot chargé de son fils se laisse glisser le long du câble, et après les plus grands efforts, qui excitaient la compassion de tous les spectateurs, il arrive au port comme ses autres compagnons : on applaudit, transporté de joie ; mais, hélas ! la catastrophe qui menaçait l'auteur du salut de tous les autres, changea bientôt cette joie en deuil funèbre. Le capitaine intrépide, demeuré seul à son bord, descend enfin aussi dans la mer, en saisissant le câble d'une main vigoureuse. Mais, ô malheur inouï ! à peine s'était-il avancé dans les ondes, que le câble, ébranlé par les longs efforts et par les secousses de tous ceux qui s'y étaient cramponnés, ce câble faiblit, se détache ou se brise ; le capitaine, à la merci des flots, ne perd pas courage, et comme il était excellent nageur, il espère n'avoir pas besoin du câble pour se diriger jusqu'aux quais ; mais les vagues étaient si furieuses, que malgré sa force, son habileté et son sang-froid, tout-à-coup il est envelop-

pé par les flots tumultueux, et emporté contre les roches, où il est enfin brisé; c'est en
vain qu'on s'efforce à lui donner des secours,
déjà il avait expiré, il était devenu le jouet
de la fureur des ondes. Lorsque cette épou-
vantable tourmente fut apaisée, on retrouva
son cadavre en lambeaux. Objet des regrets
de tous ses compagnons, officiers et matelots
voulurent porter ses restes inanimés au lieu
de la sépulture; et après avoir répandu d'a-
bondantes larmes, ils l'ensevelirent avec une
douloureuse admiration. Toute la ville assista
à cette cérémonie funèbre, après avoir été
spectatrice de l'intrépidité généreuse de ce
brave capitaine espagnol, qui portait le nom
de San-Martino. Le navire où cette déplorable catastrophe eut lieu est englouti sous les
ondes; on n'aperçoit que le sommet de la
poupe.

Ce tremblement de mer vient d'épouvanter
et d'attrister à-la-fois la ville de Gènes : les
grands ravages qu'il a exercés attesteront long-
temps sa violence. Ce brave capitaine San-
Martino était bien digne d'un meilleur sort;
son trépas et celui de plusieurs autres victimes de ce phénomène désastreux, qui menaça

d'engloutir Gènes sous les eaux, répandent la consternation dans la ville.

Ce phénomène de la nature n'était pas nouveau pour les personnes âgées de la ville de Gènes, car il y a environ quarante-cinq ans il s'était fait ressentir, mais non pas avec autant de violence. Il serait difficile d'assigner positivement les causes d'un semblable désordre des élémens, quand on remarque qu'il n'a d'empire que sur les ondes en cette partie de l'Italie; c'est sur la mer seulement qu'il exerce ses ravages, tandis que la ville et les montagnes environnantes n'éprouvent aucune commotion. Cependant comme les Apennins et toutes les terres de cette contrée de l'Europe sont remplies de volcans, qui ont autrefois éclaté ou sont actuellement en activité, on peut croire que dans les entrailles de la terre, formant le lit de cette portion de la Méditerranée, il existe des matières volcaniques qui, lorsqu'elles sont en effervescence, ont des correspondances souterraines avec des volcans très éloignés, tels que le Vésuve et l'Etna; car il est à observer qu'à l'époque où le lit de la mer était travaillé à Gènes par ces convulsions, le Vésuve se trouvait en ébullition, et que quelques mois plus tard il fut en état d'éruption complète.

Adieu, ma chère sœur; je pars samedi matin pour Florence, et je vais voir les Toscans, dont tout le monde s'accorde à dire beaucoup de bien. Je t'embrasse; mille choses à Amable et à tous nos amis. N'oublie pas de rappeler le voyageur au souvenir de tous ceux de la famille qui s'intéressent à lui; et dis-leur bien que toutes ces courses lointaines ne lui donnent que plus d'estime et d'attachement pour son pays et ses compatriotes.

TON FRÈRE.

TABLE INDICATIVE.

10..

TABLE INDICATIVE

H.

I.

M.

N.

P.

FIN DE LA TABLE INDICATIVE.

TABLE ITINÉRAIRE.

TABLE ITINÉRAIRE

DES VILLES, BOURGS, VILLAGES ET HAMEAUX QUI SE
RENCONTRENT SUR LA ROUTE DE TURIN A GÈNES.

———◆———

TURIN	Ville capitale du Piémont.
MONT-CAGLIERI	Ville.
TUFARELLO.	Village et relais.
PIORINO.	Bourg et relais.
VILLA-NOVA	Village.
DUSINO.	Hameau et relais.
GAMBETTA.	Hameau et relais.
ASTI.	Ville et relais.
ANNONE.	Hameau et relais.
QUATORDIO.	Village.
FELIZZANO.	Bourg et relais.
SOLERIO.	Hameau.
ALEXANDRIE.	Ville et relais.
MARENGO.	Hameau.
POZZOLO.	Hameau.
NOVI	Ville et relais.

Ici on entre dans les Apennins, et l'on n'en sort que
pour descendre à Gènes.

GAVI.	Bourg.

Voltaggio . . . . Village et relais.
Campo Marone . . . . Hameau et relais.
Ponte Decimo . . . . Village.
Rivaloro . . . . Hameau.
Gènes . . . . Ville et port de mer.

On compte de Turin à Gènes, 42 lieues et demie. ou 105 milles italiens.

FIN DE LA TABLE ITINÉRAIRE.

FLORENCE.

LETTRES
A MA SŒUR

PENDANT

MON VOYAGE EN ITALIE.

....

LETTRE QUATRIÈME.

Florence, 10 Avril 1822.

O FRANCE! beau pays de France, il faut te quitter pour pouvoir t'apprécier! Paris, reine et capitale du monde, quelle ville peut t'être comparée? Je parcours toutes les cités les plus renommées de l'Italie, je cherche vainement une ombre de ta grandeur, de ta magnificence, de la beauté d'ordonnance de tes édifices, de la perfection à laquelle tu as porté les usages de la vie, les sciences, les arts, l'urbanité, la délicatesse de goût dans les ameublemens, les costumes; je ne vois rien qui approche de tes jeux, de tes spectacles : tes promenades délicieuses, tes environs sont plus pittoresques et plus fertiles que tout ce qui frappe mes regards en ce moment. Le climat doux et tempéré dans lequel tu es situé, l'égalité de ta température, enfin toutes les productions de la terre, des eaux et de l'air qui concourent à fournir aux besoins, à la jouissance, au luxe de tes habitans! tout retentit de ta gloire, ô Paris! Il suffit de t'appartenir pour être regardé partout avec une curieuse admiration !... « Vous êtes de Paris?... — Oui. — De Paris même?... — Oui, certes, de Paris même. » Telle est la question que l'on me fait partout; et l'on s'écrie : « Ah! Paris! Paris sans pareil! »

Telles sont, ma chère sœur, les réflexions qui m'assiègent depuis que je parcours ce pays tant vanté d'Italie. Je suis en ce moment dans la capitale de la Toscane, à Florence, que les Italiens regardent comme la maîtresse des sciences et des arts, comme l'Athènes de l'Italie.

Cette ville de Florence est située sur l'Arno, qui la traverse; rivière peu étendue, que je vois sous mes fenêtres couler d'une manière presqu'insensible. Quatre ponts de pierre sont jetés sur l'Arno; le plus beau est celui de la Trinité, décoré de quatre statues d'une faible exécution.

Les palais de Florence sont peu magnifiques à l'extérieur; on les a construits de manière à résister comme des forteresses, plutôt qu'à imposer par leur majesté, ou à plaire par l'élégance des portiques. De grosses chaînes de fer pendent aux portes de ces palais, ou sont attachées aux bornes qui les environnent. Beaucoup de fenêtres sont munies de grilles de fer et armées de longues piques, ce qui donne à ces palais l'aspect de prisons d'état.

Le quai de l'Arno est si réputé parmi les habitans que l'on en fait une promenade. J'avoue que j'ai trouvé cette promenade bien triste auprès de nos boulevards et beaux jardins de France; en outre, la mise des femmes est si pauvre et si peu recherchée, qu'il semble qu'elles n'aient aucune prétention à plaire. Cependant il se trouve des élégans à Florence, qui, avec des manières dégagées,

11..

cherchent probablement à captiver tous les cœurs.

Le beau côté de Florence n'est que dans les monumens des arts : on y voit en effet des chefs-d'œuvre en sculpture, architecture et peintur : on y admire aussi avec raison l'intérieur des palais, des cabinets d'objets rares de diverses espèces, et surtout les églises, qui à l'extérieur sont fort ordinaires, mais dont l'intérieur est orné de marbres précieux, de tableaux, de belles fresques, et de statues en marbre de la plus excellente beauté.

J'ai vu et visité cette célèbre galerie de Florence, qui renferme un grand nombre de belles statues, quelques très beaux tableaux, comme le Saint-Jean au désert, de Raphaël; sa Jardinière; un portrait de sa Maîtresse; et quelques autres tableaux de grands peintres. J'y ai retrouvé la Vénus de Médicis, qui n'est pas, à beaucoup près, aussi avantageusement placée qu'elle l'était au Muséum de Paris.

A l'extrémité de l'un des côtés de la galerie, est placée une copie en marbre du Laocoon grec : cette belle copie est de l'Italien Bandinelli. Si elle n'a point toutes les perfections de l'original, elle est si fidèle que l'on pourrait s'y tromper; les figures de ce beau groupe moderne sont plus fortes que celles de l'original que nous avons possédé à Paris, et qui à présent est à Rome. L'aspect de cette copie est peut-être plus majestueux, mais le fini des détails est moins parfait.

J'ai reconnu aussi, dans la galerie de Florence, plusieurs statues antiques que je crois avoir vues au Muséum de Paris, telles que des Vénus, des Dianes, Cupidon et Psyché, un Mercure, et plusieurs autres chefs-d'œuvre de l'antiquité grecque.

Je donnai une attention particulière à un buste de Démosthène : ce morceau remonte à-peu-près au temps où vivait ce prince des orateurs. Il y a dans cette figure une vérité d'expression, un naturel, qui ne permettent pas de douter de la ressemblance que ce buste doit avoir avec les traits de son modèle : aussi j'y attachai mes regards avec la plus avide attention. Ce buste ne ressemble pas du tout à cette grosse tête ronde et sans expression que l'on nous vend à Paris sous le nom de Démosthène pour orner les bibliothèques; celui qui est à Florence est reconnu pour authentique; le volume du crâne est petit, un peu allongé dans sa forme; les traits, loin d'être forts et réguliers, comme ceux que nous offre ce faux portrait que l'on regarde en France comme celui de Démosthène, sont au contraire assez fins, mais irréguliers; le nez n'est point aquilin, mais droit, grossissant vers l'extrémité qui est légèrement inclinée vers l'une des joues; les yeux sont très rapprochés, séparés par le cartilage très mince de la racine du nez, et ils sont enfoncés profondément sous la cavité des sourcils; les lèvres menues, le menton sans barbe, enfin l'ensemble de la physionomie décèle un esprit méditatif et rusé. J'examinai ce monument avec d'autant plus d'intérêt, que je croyais voir réellement le fameux orateur athénien.

Quant à l'extérieur et même aux décorations de l'intérieur de cette galerie qui, peut-être, a servi de modèle dans la construction des galeries du Louvre, on ne peut point faire de comparaison entre ces deux bâtimens, car les galeries du Louvre sont dix fois plus étendues, plus magnifiquement décorées en architecture, peintures à fresque, dorures et toute espèce d'ornemens, que cette très mesquine galerie de Florence, dont les murailles

et la voûte sont nues, sans dorures, ni peintures, ni ornemens sculptés ; quelques petites
salles sont vitrées par le haut, mais d'une façon si pauvre, que cela ne donne ni agrément
ni un jour bien éclatant. Plusieurs petits appartemens qui renferment des tableaux de
différentes écoles, sont fermés à la clef ; le
public n'y entre pas librement comme au
Muséum de Paris ; mais en payant, on entre
partout : il faut payer, outre le porte-clef,
celui qui explique les tableaux.

En général, tous les édifices que j'ai vus jusqu'à présent en Italie, ne peuvent pas être mis
en comparaison avec nos monumens, à l'exception des églises et des salles de spectacle ;
je parle comme un homme qui a vu le Louvre
et Versailles ; car ceux qui ne connaissent pas
nos superbes et majestueux édifices de France,
peuvent trouver ceux-là fort beaux.

Je vais te décrire la route que j'ai tenue
pour arriver dans cette belle ville de Florence,
ce jardin de l'Italie. Je suis parti de Gênes,
et j'ai repassé les Apennins jusqu'à Novi,
route fort désagréable, à cause des chemins
incommodes et dangereux et des mauvaises
auberges où l'on est forcé de s'arrêter. De

Novi à Tortone on traverse la plaine de Marengo, qui est bien cultivée; on passe dans
Tortone, très vilaine grande ville où l'on ne
rencontre guère que des mendians, ou des
gens qui, pour le plus léger service, exigent
beaucoup. Voghera est nommé ville ; mais on
ne pourrait lui donner en France que le titre
de village. Le café de ce lieu est une espèce de
boutique où j'allai demander une tasse de
café, que je fus obligé de prendre debout, au
milieu de quelques Italiennes du pays qui ava-
laient fort lestement des verres de Rossolio :
c'est une espèce de liqueur forte, mitigée avec
du sucre; on lui donne différentes odeurs selon les distillations que l'on fait entrer dans sa
composition.

Quelques villages ou hameaux séparent
Voghera de la ville de Plaisance; on marche
toujours dans de belles plaines, riches de
leur fertilité, et l'on entre dans le duché de
Parme, non loin de Stradella, dernier village
du Piémont.

Le duché de Parme, pour la campagne,
est un petit paradis terrestre. Plaisance est
une grande ville peu agréable : tous les bâtimens sont en briques; les rues, très mal pa-

vées et fort malpropres, sont dans quelques
endroits assez vastes. Toutes les maisons, bâties en briques noircies par le temps, n'ont
d'autres ornemens dans l'intérieur que de très
mauvaises peintures à fresque, qui ne sont
qu'une faible image de nos papiers peints. Il
n'y a rien du tout de curieux dans ce tte ville,
et l'on doit se garder de se laisser tromper
par les guides qui, sous prétexte de vous
montrer des curiosités, vous promènent dans
différens endroits pour vous faire voir des
choses pitoyables et de nul intérêt; car, outre
la fatigue et la perte de temps, on paye la vue
de tous ces objets comme si l'on vous montrait quelque chose de rare.

La route est toujours dans la plaine ver-
doyante jusqu'à Parme : cette ville, capitale
du duché de ce nom, est d'un aspect bien
triste; néanmoins les rues sont larges, régulières et droites; mais tous les édifices et les
maisons sont en briques, dont la couleur sombre est très désagréable à l'œil.

L'archiduchesse Marie-Louise, qui y réside, fait réparer en ce moment la salle de
spectacle, disposée en forme de cirque; cette
salle est immense, et pourrait contenir neuf à

dix mille spectateurs. Pour la réparer et en rétablir les ornemens, il faudra faire de grandes dépenses, car les voûtes, les murailles et les gradins, tout y est malpropre, dégradé et pourri, ce qui répand une odeur infecte dans l'intérieur.

Il semble que la ville de Parme ait été prise d'assaut et saccagée; toutes les maisons y sont dégradées, et les monumens, mal entretenus, tombent en ruines. Les églises sont assez vastes, mais peu ornées, et d'une architecture qui ne me semble pas d'un bon goût; c'est un mélange de gothique et d'architecture grecque, ce qui rend ces édifices bizarres; ils n'ont ni la légèreté brillante de l'ordre gothique, ni la majesté simple des différens ordres des Grecs. On découvre dans ces églises quelques tableaux épars, et quelques fresques qui dépérissent de jour en jour.

Les remparts de la ville, qui servent de promenade, sont d'un aspect assez imposant: c'est ce qu'il y a de mieux soigné dans Parme.

En sortant de Parme on entre bientôt dans le duché de Modène, et l'on arrive à la ville de Reggio, qui, malgré la beauté des rues et des maisons, est presque déserte.

Depuis Voghera jusqu'à Modène, on découvre sur la gauche, à une grande distance, les montagnes des Alpes qui confinent la Suisse, et sur la droite la chaîne des Apennins dont on se rapproche peu à peu jusqu'à Bologne, qui est au pied de la chaîne centrale.

Modène, capitale du duché de ce nom, est une des plus agréables villes d'Italie, et assez peuplée, mais non pas en proportion de sa grandeur ; la population est de vingt-cinq mille âmes ; elle est commerçante ; il paraît y régner beaucoup d'activité pour le pays. Les rues de cette ville sont bien percées, larges et ornées de portiques en galerie.

Après Modène on entre dans les états de l'Église à Castel-Franco, puis on arrive à l'une des villes les plus considérables des états du pape, qui est Bologne. Avant de parvenir à cette belle ville on traverse des campagnes très fertiles et admirablement bien cultivées. Les paysans qui travaillent dans les champs sont vêtus d'une longue redingote de grosse toile écrue; ils portent un large chapeau de paille sur la tête, une culotte courte dont les jarretières ne sont point boutonnées ; sans bas aux jambes, et sans souliers aux pieds : tel est l'accoutrement de ces paysans. A deux lieues de Bologne, sur la route en ligne droite, on aperçoit les deux tours en briques qui semblent menacer de se choquer. L'une d'elles appelée des *Asinelli*, est la plus haute; elle est droite, mais l'autre a une pente de près de deux toises, dans son élévation : c'est un jeu de l'architecte, ce qui l'a fait nommer la *Tour-Penchée*; ces deux tours n'ont rien de bien élégant ; elles sont construites sans aucun ornement de sculpture; mais leur aspect, qui menace ruine, est assez extraordinaire.

On peut parcourir la ville de Bologne presqu'entièrement sous des portiques , dont l'usage est profitable aux piétons pour les garantir des pluies et des ardeurs du soleil; mais ces galeries donnent à la ville un aspect triste et sombre. Il ne faut pas croire que ces portiques soient élégans et bien proportionnés comme les galeries du Palais-Royal et celles de la rue de Rivoli, à Paris; ils en seraient alors un des plus beaux ornemens. Tous ces portiques, en Italie, sont fort mal construits, et, ce qui ne leur donne pas plus d'agrémens, ils sont en certains endroits peints de diverses couleurs.

Bologne est célèbre par son université : elle possède un beau cabinet d'histoire naturelle. Quant aux églises, elles sont médiocrement ornées, mais d'un beau dessin d'architecture.

Il s'y trouve aussi plusieurs palais d'une vaste étendue ; les armoiries des grands seigneurs sont placées, comme des enseignes, et au-devant des portes de leurs palais, et dans l'intérieur des cours, et sur les murailles des escaliers ; le plus remarquable de ces palais est celui de Caprara.

Bologne est renommée aussi pour ses saucissons, appelés en italien *mortadellas* ; on les voit pendre, dans un grand nombre de boutiques, parmi les chandelles et les vessies de graisse, ornement singulier que les marchands arrangent avec une espèce de coquetterie.

J'ai fait l'acquisition d'une pierre préparée que l'on dit phosphorique : cette pierre se trouve à une petite lieue de Bologne, dans la montagne de Paderno ; cependant je dois croire sur parole que cette pierre est phosphorique, car je ne sais si je fus trompé, ou si je m'y suis mal pris pour lui faire jeter de la lumière ; enfin je n'ai jamais pu parvenir à la voir briller ni le jour ni la nuit : j'en conserve un morceau préparé et un autre morceau brut.

Je ne veux pas finir mon article sur Bologne sans parler du vin de ce pays ; ce sera un avertissement pour les voyageurs : ce vin est fort doux, très épais et extrêmement capiteux ; il est d'autant plus perfide que sa douceur vous engage à en boire sans y mêler de l'eau, et qu'il ne porte à la tête que quelques heures après qu'on en a bu. Il paraît même que l'habitude ne met pas les buveurs à l'abri de sa violence ; car le soir, à Bologne, la population est d'une vivacité et d'une pétulance si extrêmes, que cette gaîté devient fort plaisante pour l'observateur qui a eu la prudence d'humecter son vin. Cependant il faut rendre justice aux peuples italiens : il est rare, en ce pays, de rencontrer des ivrognes qui se livrent à des extravagances dans les rues et les lieux publics ; je ne sais si la police est plus sévère, ou si la honte de se montrer en cet état d'ivresse fait retirer les buveurs sans bruit chez eux ; mais il est vrai que je n'ai pas vu une seule scène dégoûtante du genre de celles que l'on voit

trop souvent dans les villes de France; néanmoins en ce pays , hommes et femmes ne
font guère usage d'eau, mais ils ont peut-être
plus de modération. Les Bolonnais sont affa-
bles et spirituels; ils ont de la prévenance
pour les étrangers et un respect marqué pour
les Français , dont ils sont très flattés d'obtenir l'approbation pour les curiosités qu'ils
possèdent en leur ville. La population s'élève
à soixante-dix mille habitans.

En quittant Bologne, j'ai traversé de nouveau une branche des Apennins, aussi haute,
mais bien moins majestueuse que les montagnes des Alpes : leur aspect est toujours affreux; ces montagnes en cet endroit sont très
élevées, il n'y a point de chemin taillé sur les
flancs des monts, et il faut gravir jusqu'aux
sommets couverts de neiges et de glaces, mais
nus et sans sapins, ni mélèses , ni châtaigniers; la route monte et descend continuel-
lement, et dans certains endroits la pente
est d'une rapidité effrayante ; il vaut mieux
y employer des bœufs ou des mulets que des
chevaux, ou au moins atteler des bœufs devant les chevaux ; le bœuf gravit avec lenteur, mais avec une opiniâtre égalité, et jamais

il ne s'arrête ni ne se rebute; le cheval, au contraire, s'impatiente, et s'il se défend après s'être rebuté, il vous met dans le plus grand péril. Quant au mulet, il est adroit, patient, et grimpe fort lestement; mais il ne veut pas se laisser conduire, il veut marcher à son gré; c'est pourquoi, si on le monte, il faut lui laisser la bride sur le col et s'abandonner entièrement à son adresse; car si on le contrariait, il pourrait vous précipiter dans les abîmes.

Entre Filigare et Piétra Mala, l'aspect des montagnes devient plus hideux, le sol est dépouillé de toute espèce de verdure; on voit des ravages terribles, des éboulemens de terres mêlées de fragmens de rochers qui ont été fracassés et lancés au loin: ce désordre fut occasionné par l'explosion d'un volcan. Non loin de la douane de Toscane, on entre dans une montagne tout-à-fait aride et dépouillée, et l'on découvre la flamme d'un volcan qui brûle sans cesse: cette flamme, de la grosseur du corps, s'élève derrière la cîme de la montagne qui borne l'horizon, de la hauteur de douze à quinze pieds; la stérilité des terres tout en cendres, où il ne

peut croître ni plantes ni arbres, annonce
le danger qu'il y aurait à habiter le voisinage de ce volcan, qui peut, dans une
explosion, ravager entièrement cette montagne. Aussi, nulle habitation humaine ne
se rencontre en ces lieux, qui ont déjà visiblement sauté en plusieurs endroits. On doit
ici hâter sa marche, et séjourner le moins
long-temps possible en ce désert, qui est de
deux à trois lieues; car non-seulement on se
trouve sur un volcan qui peut à tout moment faire explosion, mais de plus, les croix
plantées de toutes parts sur les tombeaux des
voyageurs assassinés, se multiplient à tel
point que l'on croirait traverser un cimetière. En général, sur les confins de chaque
état en Italie, on a toujours à craindre les
brigands, parce qu'après avoir exécuté leurs
crimes, ils passent facilement dans l'état voisin, pour se soustraire aux perquisitions et
aux poursuites que fait la justice dans le pays
où les forfaits ont été commis. Je me hâtai
donc de traverser cette montagne et de
passer vers d'autres qui s'enchaînent jusqu'à
Florence. A quelques lieues de cette ville,
les montagnes se couvrent de verdure et

d'arbres; et bientôt les oliviers, les vignes rassurent le voyageur attristé de ce long spectacle de dévastation, en lui révélant qu'il y a encore des humains dans ce pays; et en effet, on aperçoit près de la route, et au loin sur les collines, de jolies maisons de campagne et des jardins que l'on côtoye jusqu'à l'entrée de Florence.

Après avoir ressenti la chaleur du mois de juin à Gênes, quoique j'y fusse en mars, je viens de me retrouver dans les neiges et les glaces du séjour des éternels hivers : j'ai mangé, vers la fin de mars, à Gênes, des petits pois, des asperges, des fraises; et dans ces montagnes des Apennins, à peine pouvait-on trouver quelques herbes potagères pour faire de la soupe.

En ce moment, à Florence, il fait presque aussi froid qu'au mois de février à Paris : un temps brumeux et des pluies glacées. On dit que l'hiver est très rigoureux à Florence : je ne m'en étonne pas, car cette ville est environnée de toutes parts de montagnes couvertes de neiges et qui sont des plus élevées des Apennins.

En quittant le Piémont, on s'aperçoit sur-

le-champ de la différence de mœurs des habitans : les Italiens sont certainement de meil-
leures gens ; ils sont doux ; ils ont beaucoup
d'amitié pour les Français, et même, j'ose
le dire, de vénération. Le peuple est complaisant sans être trompeur, ce qui fait son
éloge ; car il est si misérable, qu'il faut avoir
sans cesse l'argent à la main pour satisfaire
la foule des mendians qui vous assiégent,
hormis dans le duché de Parme, où l'on n'en
voit pas un : l'archiduchesse a établi dans ses
états un dépôt de mendicité, où l'on occupe
les malheureux à l'instar de ceux de France.

J'ai vu à la promenade notre ancienne im-
pératrice Marie-Louise, qui, me reconnais-
sant pour être Français, m'a honoré d'un
sourire gracieux. On dit qu'elle conserve un
tendre souvenir de notre beau pays, et manifeste des sentimens de bienveillance aux
Français quand elle en trouve l'occasion.

En traversant le duché de Modène, comme
je l'ai dit plus haut, j'ai passé à Reggio, seconde ville de ce duché et patrie du célèbre
Arioste, selon les uns ; selon d'autres, c'est
Ferrare ; cependant il a, dit-on, habité long-
temps cette ville, qui est à présent un désert :

de beaux palais et des guenilles, voilà ce qui frappe les voyageurs. Cependant toute la Lombardie est d'une fécondité et d'une richesse extraordinaires; les Italiens sont très industrieux pour la culture ; d'immenses plaines labourées, où de gros arbres, chênes et ormes, sont plantés en quinconce; la terre est couverte de grains ou de gras pâturages: des ruisseaux sont industrieusement dirigés dans les prairies pour en fertiliser le sol; au pied de chaque arbre est planté un cep de vigne d'une grosseur prodigieuse et d'une grande élévation : il est entrelacé aux troncs des arbres, et les jets du sarment de la vigne sont soutenus par quelques branches de ces arbres, qui du reste n'offrent aux regards que des espèces de grosses têtes, d'où s'élèvent quelques rameaux où les branches de la vigne s'entrelacent et forment dans toute l'étendue de la plaine un coup-d'œil fort agréable; ces longs sarmens sont attachés d'un arbre à un autre, ce qui forme des festons ou guirlandes de verdure qui ont l'aspect des préparatifs de nos fêtes; c'est vraiment un coup-d'œil enchanteur que ces longues galeries verdoyantes qui couvrent toute la campagne. Des troupeaux de moutons et des porcs noirs ou roux paissent çà et là, et de toutes parts un nombre infini de volailles de différentes espèces. C'est ainsi que les vastes plaines si fécondes de la Lombardie se développent aux regards du voyageur, chargées de toutes les richesses que le ciel prodigue aux humains.

Cependant que voit-on presque partout? des malheureux dont les membres déséchés par la faim, et dont les visages hâves et les haillons attestent à-la-fois le besoin et la misère. La ville de Reggio est si déserte qu'elle semble ne pas contenir un habitant pour chaque rue; sortez pour vous y promener, ou mettez-vous aux fenêtres, aussitôt les mendians accourent et vous harcellent avec opiniâtreté.

Les habitans y sont fort mal costumés, les femmes d'une négligence extrême dans leur mise; elles ont pour toute parure une robe de taffetas noir et un capuchon de même étoffe qui les recouvre entièrement; on les y voit enveloppées comme dans un domino; et ce sont les femmes nobles du pays qui sont ainsi vêtues; car pour les femmes du peuple, on ne saurait dire quelle est la forme de leurs vêtemens, attendu que ce sont des lambeaux d'étoffes de différentes espèces qui les couvrent, sans former décidément un costume ou un habillement.

Le commerce est mort en ce pays; les boutiques des marchands de la ville ressemblent, par leur pauvreté, à celles que l'on voit en France dans nos villages éloignés des grandes cités. Cependant Reggio est assurément une des plus belles villes d'Italie. D'où peut donc provenir une misère si profonde? Que ce spectacle fait saigner le cœur et indigne l'âme ! Oui, c'est un sentiment d'indignation qui vous travaille à l'aspect d'une semblable disproportion de fortune; on dirait que les humains, dans ce pays, sont partagés en deux classes : que les uns sont de vils animaux, et les autres des dieux; mais ceux-ci sont-ils des dieux protecteurs, généreux, magnifiques, qui répandent les bienfaits comme le ciel les leur prodigue? Ils n'accuseront pas Dieu d'avarice à leur égard; car leurs terres semblent réunir toute sa fécondité pour les enrichir; ces dieux du second ordre, enrichis par le Dieu suprême, s'abstiendraient-ils d'imiter le père commun

de tous les hommes ? Je le crois, et même je
l'affirme. Voici un exemple de la vie chiche-
ment frugale que mènent les nobles et quelques grands seigneurs du pays. Ces riches
Italiens économisent, afin d'accumuler des
trésors qui deviennent inutiles pour eux et
pour les autres. Je tiens ces détails d'un habitant même de Reggio, à qui je demandai
la cause de la misère des peuples de cette
ville et des environs. Reggio, qui posséda l'enjoué et satirique Arioste, ne manque pas encore d'habitans spirituels et observateurs; il
me parla donc à-peu-près en ces termes :
« Lorsque l'on tue un veau dans une famille
» riche et noble, voilà que l'on fait avertir
» toutes les branches de ce tronc précieux :
» la branche qui tue, fait donc annoncer
» aux autres branches, que, tel jour, à telle
» heure, on égorgera la victime, soit un
» agneau, un mouton ou un veau; non pas
» un bœuf, car ce serait une trop forte pi-
» tance, à moins que ledit tronc noble et ri-
» che n'ait une énorme quantité de rejetons,
» ce qui, heureusement pour le bon et pa-
» tient animal qui sert aux travaux de la
» campagne, n'arrive que très rarement. On

» dépêche donc un exprès; la famille s'assem-
» ble par ambassadeurs; chacun envoye son
» valet-de-chambre, qui est aussi fermier,
» cocher, cuisinier, comme maître Jacques;
» le veau, mouton ou agneau mis à mort,
» on partage selon les nécessités de chaque
» branche; un accord parfait règne dans la
» division. Les députés des autres branches
» remettent l'argent à la branche qui tue,
» et l'on se sépare ainsi à charge de re-
» vanche. »

Ainsi tu vois, ma chère sœur, que dans ce pays les bouchers ne font pas fortune comme à Paris. Il en est de même pour tout ce qui est nécessaire à la vie : les riches nobles font cuire leur pain à frais commun; le vin se distribue par mesure, le reste est vendu au plus prochain marché, ou renfermé soigneuse-ment pour une bonne occasion de vente. Beurre, œufs, huile, fromage, bois et légu-mes, foin et paille, s'accumulent par le pe-tit nombre des consommateurs de ces grandes maisons; et, en conséquence, tout rapporte et fructifie pour le coffre-fort, tandis que les pauvres gens sont affamés.

Oh! quelle différence il y a entre ces sei-

gneurs étrangers et les princes français! Ceux-
ci, simples par goût, sont fastueux par raison,
et leur luxe est ordonné de manière à ré-
pandre l'argent dans les classes industrieuses;
au milieu de cette grandeur, de cette magnificence où ils sont nés, ils conservent cette
affabilité, cette aisance, cette tendresse même
pour leurs compatriotes, qu'ils oublient en
certains momens être leurs sujets. On ne voit
point en Italie ces doux épanchemens, cet
amour des sujets pour leurs maîtres qui
éclate en France par des cris de joie à l'aspect
des princes, dont l'amour réciproque fait
palpiter le cœur et couler les larmes. O Français! si vous êtes dignes d'avoir de tels maîtres,
vos princes sont dignes de vous. Quelle absur-
dité, quel crime que de penser à diviser la
France en petits cantons républicains! J'ai
sous les yeux des exemples de ce pernicieux
régime : que manque-t-il à l'Italie pour être
considérée comme une nation semblable à
l'Espagne, à l'Autriche, et même à la France,
si ce n'est d'être réunie sous un seul maître,
d'obéir à une seule volonté, pour que tout
marche avec mesure et ensemble, et que les
habitans, au lieu de chercher à se nuire dans

leur commerce et dans leur politique de dix
en dix lieues environ, par des douanes des-
tructives de l'industrie, ne s'entr'aident et ne
s'enrichissent par leurs travaux et leur commerce, puisqu'ils auraient des intérêts communs et par conséquent des concitoyens au lieu
d'ennemis? Tout se ressent en Italie de cette
gêne qu'occasionne la petitesse des états; les
produits des arts et des manufactures y sont
réciproquement frappés de prohibition, ce qui,
sans être d'aucun profit pour la chose publique, est toujours très nuisible aux particuliers.
Il semblerait que ceux qui gouvernent ne s'occupent nullement des institutions favorables à
la prospérité publique; l'on croirait que leurs
peuples vivent comme à l'abandon, ce qui
produit un égoïsme dans toutes les classes de
la société, qui isole pour ainsi dire chaque
individu, et le rend insouciant sur la prospérité générale et même sur son bien-être personnel.

On est surpris de voir en ce pays des chefs-
d'œuvre de bâtimens, auxquels on a été obligé
de donner la forme et la tristesse d'une citadelle, à cause des fréquentes invasions des
petits états voisins. Il semble que ces palais,

ces monumens soient disposés sans ordre et sans suite. On voit que l'Italie a produit de grands artistes en tous genres, mais dont les talens n'ont servi qu'au caprice de quelques individus qui ne songeaient qu'à leur intérêt personnel, sans penser à la gloire et aux plaisirs de toute la nation.

Le peuple ne jouit point du spectacle des muséum de tableaux et de sculptures, des cabinets de rareté, ni même des jardins des princes; ce sont les étrangers qui les connaissent, et c'est toujours l'argent à la main qu'il faut s'y présenter, même dans les palais des souverains.

En France, au contraire, nos rois rendent publics ces lieux où se plaisent les gens de toutes les conditions; ce qui répand le bon goût dans toutes les classes de la société et entretient la gaîté du peuple. Celui que ses moyens pécuniaires privent des sociétés brillantes, des spectacles, peut du moins aller se distraire dans des jardins magnifiques. Aime-t-il les arts? les muséum de peinture, de sculpture, les cabinets d'histoire naturelle et les bibliothèques, lui offrent des récréations qui ornent son esprit. Nos rois, en créant ces

établissemens de tous genres, ont plus pensé
à l'utilité et à l'agrément du peuple qu'à leur
satisfaction personnelle. Les jardins de nos
rois sont véritablement les jardins du peuple;
car c'est la nation qui en jouit réellement et
les rois qui en font les frais; c'est le contraire
en Italie : le peuple ne se promène que dans
les rues ; les palais des arts et les jardins,
qui sont en petit nombre, lui sont interdits;
nulles promenades dans les villes, si ce n'est
celles que les Français ont construites dans
les dernières guerres d'Italie ; aussi le peuple italien est, en général, triste, peu com-
municatif, sans goût, et d'une malpropreté
universelle.

Le contraire arrive en France; le peuple se
pare pour briller dans ces demeures magnifiques où il se rassemble quand le temps l'y
invite; de-là cette grâce, cette affabilité, cette
gaîté; de-là encore cet empire de la mode
que j'ai souvent, sans le condamner entièrement, regardé comme une frivolité, sans
m'apercevoir alors que ces usages ont une
véritable importance; en effet, je vois ici les
inconvéniens qui résultent du contraire, c'est-
à-dire de la perpétuelle monotonie du cos-

tume ; car la mode n'est qu'un changement d'élégance.

Tu ne seras pas fâchée, sans doute, ma chère sœur, de m'entendre faire l'apologie de cette passion favorite des dames. Oui, en parcourant l'Italie, je me suis convaincu de son utilité et de son importance. La nation italienne est absolument privée de ce genre d'industrie. Ce n'est point une futilité que la mode, c'est une des branches les plus étendues du commerce, et je m'étonne qu'un auteur tragi-comique anglais, qui passe en son pays pour profond, Shakespeare, dont la muse déréglée a la gloire d'atteindre au sublime d'une populaire énergie, je m'étonne, dis-je, que ce poète ait inconsidérément qualifié les Français par cette injure : « Ces colporteurs des » modes. » Puisque les Anglais visent à la profondeur des vues commerciales, ils condamneront ici, j'en suis sûr, leur auteur favori, pour avoir proféré un blasphème contre l'un des canaux les plus favorables aux manufactures et au commerce, en cherchant à jeter le ridicule sur ce qui fait vivre un si grand nombre d'artisans.

Si les dames françaises, au lieu de faire

annuellement de grandes dépenses pour leur
toilette, se bornaient, comme en Angleterre,
à consumer pendant la durée de leur vie mon-
daine la corbeille de l'hyménée, dont elles
feraient même servir les débris à leurs filles
lors des premières années de leur éducation
dans l'art de plaire, je demande où en serait
le génie inventif des manufacturiers, pour la
piquante variété des étoffes et la finesse des
tissus qui rivalisent pour plaire avec l'immense
diversité des dessins et la brillante vivacité
des couleurs. Quel parti prendrait cette foule
de marchands industrieux, si habiles dans
l'art de faire valoir ces produits du bon goût,
qu'ils attirent les regards les plus blasés, les
captivent, et triomphent de la générosité
d'une riche élégante qui rougirait de ne point
étaler dans sa parure toutes les nouveautés du
moment? Que deviendrait ce nombre infini
de jeunes personnes, la plupart abandonnées
à elles-mêmes dès l'âge le plus tendre, et qui
ne trouvent de ressources que dans la fraîcheur de leur imagination et l'agilité de leurs
doigts délicats pour tourner avec grâce les
gazes, les plumes et les fleurs destinées à orner la tête de nos intéressantes capricieuses?

Tout ceci doit mener à de graves réflexions, et l'instabilité de la mode me paraît être une richesse inépuisable pour l'industrie.

Aussi j'avoue que j'ai toujours vu avec une espèce de chagrin patriotique, l'entêtement de nos belles pour les cachemires des Indes : cette mode est réellement impolitique; mais aussi j'ai toujours compté qu'elle prendrait fin, devant tomber tôt ou tard sous l'inévitable inconstance que les beautés françaises apportent dans l'élégance de leurs costumes.

Laissons à l'impassibilité du Turc, à la routine asiatique, ces costumes uniformes qui asservissent depuis des siècles ces générations pesantes d'esprit et dépourvues d'inventions; pour nous, il faut nous livrer à toute l'effervescence des caprices qui alimentent un si grand nombre d'indigens.

Parlerai-je de ce brillant essaim de jeunes Français qui ne s'occupent pendant la paix qu'à plaire à la beauté, ou qui cultivent les arts et les sciences, ou se livrent à des plaisirs plus mâles, tels que la chasse et l'équitation, attendant qu'un cri de guerre échauffe leur courage, et qu'un Bourbon les guide à la victoire?

Les chevaux, les équipages, les plaisirs de

toute espèce, les spectacles, les bals, les assemblées appellent un nombre considérable
d'artisans de toutes les classes à participer, par
leurs services, aux biens que le père commun
des hommes a déposés entre les mains du
plus petit nombre, afin qu'il les départît généreusement aux membres peu fortunés de
la grande famille.

La mode est donc un moyen de dissémi-
ner les richesses et d'empêcher l'accapare-
ment de la substance du peuple.

L'Italie se voit privée des bienfaits de la
mode; l'élégance y est absolument nulle.
Turin n'offre qu'une image pâle des modes
qui se propagent dans toutes les villes de
la France. Dans les villes d'Italie, on ne
se doute pas qu'il faille changer, au moins à
chaque saison, tous les ornemens du costume. Gênes est sous le joug de l'éternel mezzaro, ornement de tête, espèce de voile qui
n'est pas sans attraits; mais cette simple
mousseline me paraît d'une mesquinerie telle,
qu'elle ne serait pas même admise par les
soubrettes de nos riches élégantes de Paris.

Florence, tout en fabriquant ses chapeaux
de paille d'une grande beauté, n'en est pas

plus élégante ; car ces chapeaux, sans aucun
ornement, passent de la main de l'ouvrier sur
la tête des Florentines, avec toute l'étendue
de leur forme ronde, et noués trop simplement sous le menton. Je n'ose faire mention
de Parme, Plaisance, Modène, Bologne,
Reggio, où le beau sexe est comme courbé
honteusement sous un épais morceau de satin
noir qui, couvrant la tête et descendant bien
au-delà de la taille, ensevelit les attraits des
femmes et anéantit leurs grâces.

Enfin, ma chère sœur, pour terminer tout-
à-fait sérieusement, j'ai fait souvent réflexion
que tant d'individus qui sont occupés en
France à servir, par leurs travaux, à l'utilité,
aux plaisirs et même aux caprices des gens
riches, les uns en gagnant de quoi bien vivre,
d'autres en faisant leur fortune, tous ces gens
en Italie ne s'occupent le jour qu'à mendier
en fainéans, et les plus corrompus à brigander
et à vous dévaliser pendant la nuit, si la nécessité force les voyageurs à se trouver sur les
grands chemins avant le lever ou après le coucher du soleil.

Je sors en ce moment du palais Pitti, où
réside le grand-duc de Toscane ; j'y ai vu des

tableaux véritablement admirables ; j'en ai reconnu un grand nombre qui naguère étaient au Muséum de Paris. Les salles de ce palais sont fort belles, dorées et peintes à fresque avec magnificence ; de belles statues antiques y sont réunies aussi en grand nombre.

Les planchers de ce palais sont formés d'une espèce de mastic jaspé de couleurs rouge, blanche et noire, ce qui le fait ressembler à du porphyre. Ce mastic est d'un usage assez répandu dans toute l'Italie ; mais au palais Pitti, les planchers, enduits de ce mastic, sont faits avec bien plus de soin et de perfection que partout ailleurs.

Le grand-duc régnant vient aussi de faire construire et orner une charmante salle de bain dans son palais ; elle est carrelée en mosaïques ; la baignoire, d'un bon goût de sculpture, est en marbre blanc le plus précieux, presque aussi transparent que l'albâtre ; une belle statue en marbre, un pupitre sculpté, de même en marbre blanc, quelques bas-reliefs et deux glaces, embellissent cette jolie salle.

Le palais Pitti est certainement le plus beau de ceux qui existent dans toute l'Italie ; mais s'il est magnifique dans l'intérieur, la façade du bâtiment à l'extérieur ne répond nullement à la somptuosité des ornemens de ce palais. La place, assez vaste, qui s'étend devant l'une des façades, n'est ni ornée, ni même pavée; et l'on s'étonne de voir devant un si beau bâtiment des monceaux d'ordures, des débris de pierres et de briques, enfin une malpropreté qui offre un singulier contraste. Ce palais est, comme tous ceux d'Italie, dans un emplacement qui ne présente aucun de ces points de vue majestueux si bien ménagés, comme dans la disposition de nos beaux palais de France.

Le petit jardin appelé Boboli, est le seul agrément de perspective que puisse avoir le palais Pitti; ce jardin est orné de petits bosquets, d'ifs en pyramide, de statues en bronze et en granit, dont quelques-unes jettent un filet d'eau. On dit que ce jardinet a servi de modèle pour créer l'immense et magnifique parc de Versailles; si cela est vrai, l'on peut dire que la copie a tellement surpassé l'original, qu'il faut être du métier pour pouvoir y distinguer quelque ressemblance. Enfin le jardin Boboli ne pourrait passer que pour une des terrasses ou l'un des bosquets de l'incomparable et merveilleux parc de Versailles.

13..

En Italie, l'entrée de tous les palais, églises, muséum, cabinets de raretés, ateliers de peinture et de sculpture, n'est nullement gratuite; mais celle du palais Pitti est portée à un plus haut prix que les autres : j'en fais ici l'observation, non pas assurément pour porter atteinte à la magnificence du souverain qui y réside ; sans doute il ignore les rançons que l'on impose aux étrangers qui visitent sa somptueuse habitation; je dirai donc la vérité parce qu'il peut se faire que la connaissance de cet abus arrive un jour jusqu'à l'oreille de son auguste personne.

Il semble qu'il faille dompter Cerbère pour pénétrer dans ce palais élysien; en effet, on rencontre un portier à trois têtes. La première est à la porte d'entrée; là, il faut déposer son valet conducteur, et endormir la première tête du monstre avec deux paolo (environ un franc); alors on peut franchir le péristyle; mais soudain la seconde tête se présente, et le gâteau de miel que l'on doit lui jeter pour l'apprivoiser, consiste en quatre paolo. Ce second chef vous conduit dans les appartemens qui ne sont ornés que de meubles; mais lorsque l'on passe dans ceux qui sont enrichis de tableaux et de statues, la troisième tête du triple cerbère s'offre à vos regards; c'est la plus bruyante; on la nomme *Esplicatore*; et l'on peut la faire aboyer pour la somme de quatre paolo. Ensuite, pour visiter le jardin Boboli, l'on doit aussi payer une contribution au dragon des Hespérides, à-peu-près de la même nature et quantité que celle que l'on vient de déposer dans le palais. Ainsi le plaisir de voir ce palais Pitti et ce jardin Boboli, qui égalent en étendue le quart du château des Tuileries à Paris, vous coûte environ seize à dix-huit paolo.

J'ai fait réflexion qu'en proportion des bâtimens et de l'immense variété des objets curieux que les étrangers peuvent visiter à Versailles et aux deux Trianons qui en dépendent, il faudrait laisser en échange de sa curiosité satisfaite au moins cent écus de notre monnaie, si l'on payait sur ce pied tous les gens qui y sont préposés; et je ne crois pas qu'il y ait d'exagération dans mon calcul.

En France, les curieux, étrangers aussi bien que français, peuvent visiter toutes les habitations de nos rois, à quelques générosités près, qui ne sont que volontaires et qui s'élèvent à une somme très modique; mais en Italie il faut des passe-ports (et l'on est forcé d'en avoir, car on ne pourrait pas bouger sans en être muni), et ces passe-ports, qui ne sont que comme une manière de patente, dont il faut payer la taxe dans les villes, les bourgs et autres lieux, loin de faire accorder au porteur aide et protection, ne servent, au contraire, qu'à le faire reconnaître afin qu'on prélève sur lui tous les genres de contributions indirectes.

Je suis allé visiter la belle église de Ste.-Croix, où se trouvent des tombeaux de personnages célèbres, entre autres celui de Michel-Ange Buonarotti, orné de trois statues en marbre d'une excellente exécution; les autres tombeaux sont ceux de Galilée, de Machiavel, de Léonard-Bruni Aretin; cette église est très vaste, mais elle n'est point achevée.

La cathédrale, en marbres noir et blanc, est immense et renferme de beaux tableaux, quelques bas-reliefs et statues de Michel-Ange, et plusieurs ouvrages d'autres artistes.

Le cabinet d'histoire naturelle, quoique bien inférieur à celui de Paris, offre une assez belle collection de minéraux et de pierres

précieuses; mais surtout il est fort curieux
sous le rapport des pièces anatomiques représentées en cire, de grandeur, de forme et de
couleur naturelles, avec une exactitude et une
vérité incroyables; toutes les parties intérieu-
res et extérieures du corps humain ont été imi-
tées avec une habileté et une patience vraiment bien louables; les médecins et les chirurgiens doivent en tirer de grandes lumières.

Les autres monumens, tels que les églises,
places et fontaines, les ponts, la grande porte
en arc de triomphe, doivent attirer l'attention
du voyageur; de belles statues en marbre ne
sont pas le moindre de leurs ornemens. Malgré
tout, Florence n'est pas une ville d'un aspect
agréable, elle est au contraire assez triste; car
les églises, les palais et les maisons sont pour
la plupart en briques à l'extérieur.

J'ai été bien surpris hier en allant au spectacle du grand théâtre de la Pergola. Me
croiras-tu? La musique, les chanteurs, cantatrices, danseurs et danseuses, tout y était
non-seulement mauvais, mais encore du plus
grand ridicule; il ne faut pas aller en Italie
pour entendre la bonne musique des fameux
compositeurs et les virtuoses du pays; tous

les grands talens affluent dans notre belle patrie; comme on n'est pas généreux à leur
égard, ils sont obligés de s'expatrier; les plus
habiles viennent en France, et surtout à Paris.

A Turin, la musique est mieux exécutée
que dans les autres villes d'Italie, quoique
bien inférieure à celle de l'Opéra-Buffa de Paris. Depuis, en d'autres endroits, je me suis
convaincu que l'on est dans une grande erreur sur les dispositions soi-disant innées des
Italiens pour la musique. Je crois le Français
doué d'organes plus flexibles, et, par son caractère, plus disposé à l'art musical que ne
l'est l'Italien. En France on entend souvent
jusqu'aux gens du peuple chanter agréablement; en Italie le peuple ne chante point. Il
ne manque aux Français que d'apprendre l'art,
ou plutôt aux compositeurs, que de suivre
une bonne route; c'est-à-dire, au lieu de chercher à imiter, de créer d'eux-mêmes avec sentiment et indépendance; mais nous voulons
toujours nous traîner sur les pas de nos de-
vanciers; nous imitons les hommes au lieu
d'imiter la nature. Cependant il me semble
que le Français est doué d'une assez forte intelligence pour oser penser par lui-même,

être lui-même, et non pas viser à approcher d'un autre qui est habile. Je ne sais si c'est orgueil ou sentiment de sa propre capacité; mais un artiste italien, bien loin de vouloir imiter dans ses ouvrages un autre artiste célèbre antérieur à lui, s'efforce au contraire de ne point lui ressembler; et si l'on faisait observer à un peintre italien que Raphaël peignait autrement que lui, il répondrait: « Raphaël est » Raphaël, et moi je suis un tel, » en se nommant. Ne prenons point cette réponse pour une rodomontade; car c'est comme s'il avait dit : « J'exécute comme je sens. » N'est-ce pas le premier principe des arts, qui tous doivent être imitateurs de la nature? Les artistes italiens ont tous obéi à cette pensée; aussi les ouvrages d'aucun d'eux ne se ressemblent; et quoique, en les comparant, on y trouve plus ou moins de perfection et de supériorité, ils sont tous originaux.

Ainsi, pour la composition musicale, les Grétry, les Méhul, les Berton, les Daleyrac, les Boïeldieu et autres célèbres compositeurs, ont tracé la véritable route; leurs succès mérités doivent encourager ceux qui se destinent à cet art enchanteur. Quant à l'exécution, les

Français ont un son de voix plus sonore et plus agréable que les Italiens ; la température du climat entre pour beaucoup dans le son rauque ou sonore de la voix humaine ; les pays de montagnes ne sont point favorables à la voix de l'homme. Le peuple italien, loin d'être porté au chant, est triste, et non-seulement il est circonspect et taciturne, mais encore il est bien moins vif dans ses actions que le peuple français.

Parce qu'en France nous voyons l'élite des virtuoses d'Italie, il ne faut pas croire que tous les Italiens possèdent leurs talens ; car alors on tomberait dans l'erreur de celui qui croyait qu'en Suisse tous les hommes avaient six pieds, parce qu'il avait vu les Cent-Suisses de la garde royale de France, ne faisant pas attention que ce régiment est choisi sur tous les cantons de la Suisse.

Certes dans toute l'Europe il n'existe point de réunion de musiciens qui exécutent avec plus d'ensemble, de vigueur et je dirai même de science, que ceux qui composent l'orchestre de l'Opéra-Buffa de Paris ; les compositeurs italiens l'ont avoué eux-mêmes, et ces exécutans de l'Opéra-Buffa sont Français.

Dans quelle ville de l'Europe pourra-t-on rassembler des musiciens qui approchent des principaux artistes que nous possédons à l'orchestre du merveilleux théâtre de l'Académie royale de Musique ? L'exécution sur le violon, la harpe, la flûte, le haut-bois, le basson, le cor d'harmonie, peut-elle être plus parfaite qu'à ce théâtre ? Cependant si, comme on en fait le reproche, l'orchestre se fait trop entendre, c'est-à-dire si la musique instrumentale étouffe la musique vocale, il ne faut s'en prendre, le plus souvent, qu'à la faiblesse des moyens des chanteurs, mais pardessus tout à leur défaut de méthode et de science, dans l'art du chant toujours indispensable, qui double les moyens du chanteur, et peut quelquefois suppléer aux moyens naturels. Il est donc bien certain qu'à présent les musiciens français l'emportent sur les italiens sous le rapport de l'exécution instrumentale. Le Français est donc très intelligent pour la musique : il est donc musicien. Il n'est au-dessous de l'Italien que sous le rapport de la composition et de la science du chant. Je l'avoue franchement, mais, je le repète, on ne connaît pas l'art en France aussi bien qu'en

Italie; et pourquoi? c'est parce qu'en ce pays, dans les séminaires et autres écoles, on enseigne l'art de la musique avec autant de soin que l'on enseigne le latin dans nos colléges; on en fait une étude sérieuse; les professeurs ne sont point des amateurs, mais des hommes habiles dans l'art musical. Aussi les jeunes Italiens qui ont reçu des leçons approfondies des habiles maîtres qu'on leur donne, sortent de leurs mains aussi capables dans leur art qu'il est possible de l'être à cet âge. Ceux d'entr'eux qui se sentent le génie de la composition, se livrent alors à la mélodie de leurs inspirations, en y joignant la science de l'harmonie, qu'on leur a enseignée, pour former leurs accompagnemens.

Tous les compositeurs français, en général, ne péchent point par le chant ou la mélodie, mais par l'accompagnement et les effets harmoniques, c'est-à-dire qu'ils ont des inspirations aussi belles que les Italiens, mais qu'ils ne connaissent pas comme eux tous les secrets, toute la science de l'art. De même beaucoup de chanteurs et de cantatrices ont de très belles voix qu'on ne leur a pas enseigné à diriger avec science et méthode, ce qui nuit à leur talent. On apprend d'un maître quelques airs, et l'on se croit musicien lorsque l'on n'est que perroquet. Que l'on fasse donc étudier aux Français l'art de la composition et celui du chant, mais non pas légèrement, et je suis assuré qu'ils parviendront à la hauteur des plus célèbres compositeurs italiens et des virtuoses qui sortent des écoles d'Italie. Ce ne sont donc pas les moyens naturels qui manquent aux Français, mais c'est la science dans leur art, et l'on peut croire que la composition et la musique vocale pourront s'élever à la hauteur de l'exécution instrumentale, qui n'a pas d'égale en Europe, si on les enseigne bien l'une et l'autre.

Que ne peut-on pas faire exécuter au Français dans les arts comme dans les sciences et les professions? Il est doué de toutes les faveurs de la nature; il ne s'agit que de le bien diriger. On nous connaît mieux que nous ne nous connaissons dans notre pays; on nous rend plus de justice que nous ne le faisons nous-mêmes; car les nations étrangères nous admirent sans que nous nous en doutions; partout, lorsque l'on fait la moindre emplète, on vous en vante la supériorité comme de choses qui viennent de France. Tout ce qui vient de France est regardé chez eux comme précieux ; j'en fus agréablement surpris ; l'orgueil national réclame cet aveu sincère, et je pense que tu n'en seras pas fâchée toi-même.

Je ne fermerai pas ma lettre sans te parler d'un bâtiment magnifique, c'est la fameuse chapelle des Médicis : on y entre par l'église de Saint-Laurent, très remarquable par ses deux sacristies ; l'une faite sur les dessins de Brunellesco, l'autre sur ceux de Michel-Ange. Dans cette dernière on trouve deux tombeaux ornés de plusieurs statues, ouvrages de Michel-Ange : ce sont des allégories. A l'un de ces tombeaux sont deux statues représentant le Soir et le Matin ; le second est orné de deux autres, qui sont la Nuit et le Jour ; celle de ces statues qui représente le Jour n'est point achevée ; la mort a empêché ce grand homme de l'exécuter entièrement ; cette statue n'étant qu'ébauchée peut servir d'étude aux jeunes artistes : quoique la tête, le corps et les membres ne soient encore que des masses informes, on distingue parfaitement le mouvement et même l'expression que l'habile sculpteur devait donner à son ouvrage.

Derrière le chœur de l'église de Saint-Laurent, est cette chapelle des Médicis. Quoiqu'elle ne soit point terminée, et que l'on y travaille sans cesse, on voit, par ce qui est exécuté, ce qu'elle deviendra un jour. Les tombeaux des Médicis sont autour de la salle : ces tombeaux sont placés à une élévation de vingt pieds contre la muraille; chacun d'eux est orné d'une statue colossale en bronze, représentant le prince, duc ou cardinal dont les dépouilles mortelles y sont renfermées. Devant la plupart de ces statues colossales est placé un coussin en bronze, sur chacun desquels on a déposé une couronne en or massif, de dimension égale à la tête de la statue colossale dont elle doit être l'ornement. Ces couronnes d'or sont enrichies de pierres fines, telles que topazes, rubis, émeraudes et diamans.

Les murailles sont en marbres précieux de diverses couleurs et à dessins réguliers : le jaspe, la nacre, l'agate, le corail, les calcédoines et le lapislazzuli qui y sont incrustés, forment des arabesques, ainsi que les chiffres et armoiries des principales villes de la Toscane; toute la voûte doit être décorée de

peintures à fresque et dorée ou incrustée de
pierres précieuses ; enfin rien n'égalera la
magnificence de cet édifice dans Florence.
Le choix que l'on a fait dans la couleur lu-
gubre des marbres, inspire la mélancolie : ces
statues de bronze dans un appareil funèbre,
l'élévation de l'édifice, cette richesse d'ornemens sévères et imposans, sont si justement
en harmonie, que l'âme, étonnée de la majesté du lieu, est frappée d'un respect mêlé
de tristesse : la froideur de l'air qu'on y respire, semble glacer tous vos sens ; et la lumière y est tellement bien ménagée, que le
jour que l'on y a laissé pénétrer par des vitraux pratiqués à une grande élévation, suffit
pour éclairer tous ces catafalques somptueux,
sans leur donner plus d'éclat que n'en doit
avoir un monument sépulcral : enfin cet édifice majestueux inspire le recueillement et
la vénération à un degré si éminent, que
l'on est, en le parcourant, contraint, sans s'en
apercevoir, à ne parler qu'à voix basse : je
me rappelai, lorsque je fus sorti de cette
chapelle, que toutes les questions que j'avais
adressées à mon guide et aux ouvriers qui y
travaillent, je ne les avais faites qu'en chucho-

tant : tel est l'effet que cet édifice imposant produit sur l'imagination.

L'église de l'Annonciade est fameuse aussi par sa chapelle de la Vierge ; il y a plusieurs statues et bas-reliefs du célèbre Jean-de-Bologne ; des fresques magnifiquement encadrées de dorures décorent le dôme ; surtout je vis avec admiration les quatre figures colossales peintes à fresque par Volterana : elles ressortent à un tel point, que l'on croirait voir des statues coloriées assises près de la grande corniche du pourtour.

Je terminai mes visites par la charmante église de Sainte-Marie-Nouvelle, que Michel-Ange appelait la *Nouvelle-Mariée* : elle est d'une rare élégance dans l'intérieur ; mais l'extérieur n'est qu'en briques et n'est point achevé. Je fais cette observation pour que le voyageur n'aille pas s'y méprendre et négliger d'y entrer, d'après le très défavorable aspect de l'extérieur ; car il se priverait de la vue d'une des plus belles églises d'Italie. Chacune des chapelles est ornée d'un très bon tableau de maître.

Cette église de Sainte-Marie-Nouvelle est située à l'un des côtés de la plus belle place de Florence, où sont bâtis plusieurs palais ; c'est sur cette place qu'à la Saint-Jean les courses de chevaux et de chars sont exécutées. Les courses de chars ont lieu sur la place même, autour de laquelle les rivaux se disputent le prix ; je la trouve trop petite pour qu'il puisse y avoir beaucoup de concurrens. Au reste, à présent l'on ne donne plus ce spectacle que très rarement, au lieu que la course de chevaux libres a lieu tous les ans à cette époque. Les chevaux ne sont point montés par des cavaliers, mais en liberté, sans selle ni bride : on les fait partir de l'une des rues de la ville qui aboutit à cette place, et celui qui arrive le premier, en se guidant à sa volonté, remporte le prix ; ce spectacle est l'une des grandes réjouissances des Florentins.

Il y a aussi dans cette capitale de la Toscane quelques autres places d'une médiocre étendue ; l'une d'elles qui mérite l'attention, est la place du Château-Vieux ; elle est ornée de plusieurs sculptures, entr'autres de la statue équestre de Côme Ier., exécutée par Jean de Bologne. Je ne trouve pas que ce soit son chef-d'œuvre ; la statue est armée de toutes pièces, mais les détails ne sont que

d'une médiocre perfection ; le cheval n'a
point de belles formes, ni une attitude hardie.
Plusieurs autres statues environnent le Palais-
Vieux, telles que le David de Michel-Ange ;
puis un Neptune en marbre, au milieu d'un bassin de fontaine; enfin quelques autres statues
qui ne me semblent pas du premier mérite.

Sur une autre petite place, non loin de la
cathédrale, se trouve la fontaine au Sanglier.
Cet animal, représenté en bronze, lance un
filet d'eau par la gueule ; il est prêt à se lever, déjà debout sur les pieds de devant,
les oreilles droites et les crins hérissés. Cet
ouvrage est si estimé, que les sculpteurs en
marbre et en albâtre en font un grand nombre
de petites copies qu'ils vendent aux étrangers; j'en ai acheté deux, avec un beau vase
et deux lampes en albâtre que je fais emballer
dans du son; je souhaite qu'ils arrivent à bon
port, car ce sont de jolis ouvrages.

On entre dans Florence par une belle porte
enrichie de sculptures et embellie de trophées.
Après avoir traversé les Apennins d'un aspect
affreux et inculte, non loin de Florence, on
commence à voir une belle culture ; la route
est bordée de haies d'aubépines et de grena-

14..

diers sauvages; on aperçoit de toutes parts de belles maisons de campagne avec de jolis jardins, où la sombre nuance des arbres verts se mêle avec la verdure plus tendre des autres arbres : c'est là, je crois, ce qui a fait donner à Florence le surnom de *jardin de l'Italie*. Les environs sont agréables, quoique montueux; toute la ville, ou du moins les principales rues, sont dallées en grandes pierres de granit à l'instar des églises; les voitures y coulent, pour ainsi dire, comme des traîneaux, sans faire aucun bruit, ce qui serait fort dangereux à Paris, à cause de la multitude des équipages et des voitures; mais à Florence, cet inconvénient n'existe point pour les piétons, car les équipages sont si rares que l'on a tout le loisir de les apercevoir et de se ranger pour s'en garantir.

Près de la porte d'où part le chemin de Rome par Sienne et Aquapendente, on voit dans la ville, sur la gauche près de cette porte, l'avenue du Poggio-Impériale; elle est plantée de beaux arbres. Près de la grille est une petite place carrée où sont les statues en marbre qui représentent l'une Homère, et l'autre Virgile, et, vis-à-vis, celles du Dante et de

Pétrarque : c'est là, dit-on, que les deux poètes italiens récitaient leurs vers au peuple.

Voilà ce qu'il y a de plus curieux dans cette ville, qui peut passer pour l'une des plus belles d'Italie.

Les Florentins ont des mœurs douces ; leur esprit est très porté aux arts, et ils sont anthousiastes des chefs-d'œuvre de leurs artistes. Leur humeur est un peu triste, ou bien trop circonspecte ; ils ont beaucoup de politesse, mais ils ne sont point communicatifs. Les marchands de la ville sont honnêtes avec les étrangers, et se contentent d'un bénéfice raisonnable ; ils ne sont pas trompeurs. Le peuple y est d'une grande douceur et fort complaisant. On ne voit pas beaucoup de mendians ; cependant les habitans n'ont pas l'apparence de la richesse.

Les femmes sont coiffées avec des chapeaux d'homme ; les plus élégantes les ornent de plumes noires ; quelques-unes portent des chapeaux de paille connus par leur beauté dans toute l'Europe, sous le nom de *paille de Florence*. En général les femmes ne peuvent pas y être distinguées ni pour leur élégance ni pour leur beauté.

J'ai remarqué dans toutes les classes de l'aménité, beaucoup de douceur, une grande réserve, et, parmi les gens du peuple, de l'empressement à vous rendre service sans être trop intéressés; enfin l'on peut dire que l'on n'éprouve point de défiance du peuple florentin d'après ses dehors, et je crois qu'un étranger peut se plaire assez long-temps dans cette capitale du grand duché de Toscane.

Cette ville a environ deux lieues de circonférence, et sa population s'élève à près de quatre-vingt mille habitans. Pendant la nuit elle n'est point éclairée, ainsi que toutes les autres villes d'Italie. L'éclairage de l'intérieur des maisons m'a semblé si extraordinaire que je ne puis m'empêcher d'en faire mention. D'un candelabre en cuivre, ou chandelier portatif, dont le milieu est un réservoir pour l'huile, s'étendent quatre branches, à l'extrémité de chacune desquelles sort une petite flamme fixée à une mèche alimentée par l'huile. Cette flamme, qui n'est point enfermée dans un verre, vacille et jette une fumée noire d'assez forte et désagréable odeur. On adapte à la principale branche de ce chandelier une petite paire de mouchettes en cui-

vre, car on est obligé de moucher les mèches
de ces lampes comme celles de nos chandelles. A l'extrémité de chaque bobèche, un
chaînon de cuivre suspend un petit éteignoir
du même métal, dont on se sert au besoin. On
fait aussi usage de chandelles; mais elles sont
si mal faites qu'il vaut encore mieux employer
ces lampes perfectionnées de l'antiquité grecque et romaine. Tu vois, ma chère sœur, que
l'art de donner aux ténèbres tout l'éclat d'un
beau jour n'est pas arrivé dans ce pays à sa
perfection; aussi nos lampes astrales et nos
becs à gaz inflammable pourraient passer pour
de la magie à Florence.

Je vais demain m'acheminer vers Rome,
que l'on ne dit pas fort agréable; mais quel
est le voyageur qui ne veut voir Rome? Je
n'ai rencontré encore aucune cité en Italie
qui puisse être comparée à nos belles villes
de France; il ne manque à notre pays que des
églises bien ornées, car on doit avouer qu'elles
ne peuvent pas être mises en comparaison
avec celles d'Italie : il faudrait que nos artistes
voulussent y travailler. En France, ils font
assez pour leurs intérêts, mais non pas assez
pour leur gloire. L'opulence et la majesté de

la France rougissent du pitoyable dénûment où se trouvent nos églises ; ces lieux sacrés que les grands hommes en Italie ont rendus dépositaires de leurs chefs-d'œuvre, les ont conservés à l'admiration de l'univers ; il faut que les artistes français, qui cherchent à s'immortaliser par leurs ouvrages, se persuadent bien qu'il n'y a de célébrité durable parmi les âges futurs, que celle qui s'élève et se met à l'abri sous la main du Tout-Puissant.

Mille amitiés, ma chère sœur ; je t'écrirai de Rome.

TON FRÈRE.

TABLE INDICATIVE.

TABLE INDICATIVE

DES VILLES REMARQUABLES ET DES CURIOSITÉS QUI SE
TROUVENT DANS CES VILLES ET SUR LA ROUTE DE
GÈNES A FLORENCE.

IVe. LETTRE. — FLORENCE

A.

B.

C.

D.

FIN DE LA TABLE INDICATIVE.

TABLE ITINÉRAIRE.

TABLE ITINÉRAIRE

DES VILLES, BOURGS, VILLAGES, HAMEAUX ET FRON-
TIÈRES QUI SE RENCONTRENT SUR LA ROUTE DE GÈNES
A FLORENCE PAR LES DUCHÉS DE PARME, MODÈNE ET
LES ÉTATS DE L'ÉGLISE.

GÈNES................. Ville et port de mer.

RIVALORO. .... Hameau.

PONTE-DECIMO......... Village.

CAMPO-MARONE. .... Hameau.

VOLTAGGIO............. Village.

GAVI. .... Bourg.

Ici l'on quitte les Apennins pour entrer à Novi au pied des montagnes.

NOVI. .... Ville.

POZZOLO. .... Hameau.

TORTONA.............. Ville.

VIGTAZZOLO. .... Hameau.

PONTE-CURONE......... Hameau.

VOGHERA.............. Ville.

CASTEGGIO. .... Bourg.

VICOMUNE. .... Hameau.

BRONI. .... Hameau.

STRADELLA. .... Village.

Ici l'on entre dans le duché de Parme et de Plaisance; doubles douanes.

CASTEL-SANTO-GIOVANI...	Petit village.
PONTE-TIDONE.	Hameau.
PIACENZA, ou PLAISANCE..	Ville.
SANTO-LAZARO.	Hameau.
SANTA-NURA...........	Village.
FIORENZOLA.	Village.
SANTO-DONINO.	Bourg.
CASTEL GUELFO.........	Village.
PARMA, ou PARME.......	Ville capitale du duché.
SANTO-ILLARIO.........	Hameau de trois maisons.

Ici l'on sort du duché de Parme et l'on entre dans le duché de Modène; doubles douanes.

LA DUCHESSA..........	Hameau de quelques maisons.
REGGIO.	Ville.
MASONE.	Hameau.
RUBIERA.............	Forteresse et village.
MODENA.	Ville capitale du duché.

Ici l'on sort du duché de Modène pour entrer dans les états du pape; doubles douanes.

CASTEL-FRANCO........	Village et fort sur la gauche.
SAMOGGIA.	Auberge, deux maisons.
ANZOLA.............	Hameau sur la gauche.
BOLOGNA.............	Ville.

Ici, en sortant de Bologne, on rentre dans une branche des Apennins.

PIANORO. . . . . Quelques cabanes.

LOFAGNO. . . . . Quelques cabanes.

FILIGARE. . . . . Quelques cabanes.

Ici on quitte l'état du Saint-Siége et l'on entre dans le grand duché de Toscane; doubles douanes.

PIETRA-MALA. . . . . Chétif hameau.

COVIGLIAZO. . . . . Hameau.

CAFAGIOLO. . . . . Deux maisons.

FONTE BUONO. . . . . Hameau.

FIRENZE, ou FLORENCE. . . Ville capitale de la Toscane.

On compte de Gênes à Florence par cette route, 84 lieues, ou 208 milles italiens.

(Dans la crainte d'induire en erreur, ici je n'indique point les relais; ils sont trop variables.)

FIN DE LA TABLE ITINÉRAIRE.

ROME.

LETTRES

A MA SŒUR

PENDANT

MON VOYAGE EN ITALIE.

• •

LETTRE CINQUIÈME.

Rome, 21 Avril 1822.

Me voici donc dans Rome, ma chère sœur,
dans cette ancienne capitale du monde. J'ai
sous les yeux les débris des féroces tyrans de
la terre, remplacés par un peuple assez gros-
sier, fort malpropre et très paresseux. Quoi
qu'il en soit, je ne regrette nullement les
peines du voyage ; je suis charmé d'avoir
acheté par six jours de fatigues, de dégoûts
et d'inquiétudes, le plaisir inexprimable que

j'éprouve ici à parcourir les chefs-d'œuvre des arts.

Par où commencer? Je vois tant de choses merveilleuses que mon imagination en est étonnée, éblouie, aussi bien que mes yeux. Entamons par ce qu'il y a de plus beau, d'unique au monde, et que je crois qu'il est impossible de surpasser, je veux parler de l'église de Saint-Pierre. L'imagination ne saurait atteindre à la réalité si elle voulait se former une idée de cette merveille du monde; tout est parfait dans cet édifice : élévation immense; il surpasse en hauteur, de trente-neuf pieds, la plus haute pyramide d'Égypte; majesté, audace extraordinaire dans la construction du dôme; proportions qui règnent dans l'architecture, et qui font que, malgré l'immensité de ce lieu sacré, on ne trouve rien qui paraisse d'abord gigantesque; ce n'est qu'en examinant chaque partie isolément que l'on découvre l'énorme dimension des parties qui composent un tout si majestueusement en harmonie. Il semble que cette masse colossale soit indestructible, tant elle repose avec assurance et majesté sur la terre.

Sa richesse, qui surpasse celle de tous les

monumens anciens et modernes, se compose de marbres de toute espèce, d'albâtre, de porphyre, lapislazulli, rouge et vert antiques, pierres fines et précieuses, perles orientales, ivoire, or, argent, cuivre et fer travaillé; enfin, la nature entière semble avoir contribué à former ce chef-d'œuvre, où tout est prodigué avec un goût exquis et une profonde connaissance de l'art.

Après y avoir attaché son admiration, n'ayant en vue que les beaux-arts, ce monument devient vénérable pour un chrétien, lorsqu'il apprend que cet immense et saint édifice repose sur les corps de saint Pierre et de saint Paul, qui sont placés sous le vaste baldaquin du grand autel, au-dessous de la coupole ou grand dôme. Ce baldaquin du grand autel est soutenu par quatre colonnes spirales en bronze doré, de cent vingt-deux pieds de hauteur; l'élévation du dôme est de quatre cent quatre-vingt-sept pieds.

Pour te donner une idée de la grandeur de ce monument, je vais te dire ce qui m'est arrivé à moi-même. En entrant dans la place de l'obélisque, ornée de deux fontaines en bronze et environnée d'une double galerie en

fer à cheval, d'en bas on aperçoit les statues
des douze apôtres, qui sont placées sur la façade au-dessus du portique; ces statues paraissent de grandeur naturelle lorsque l'on y
porte ses regards de la place. Hé bien ! je suis
monté sur le portique, je les ai vues et tou-
chées; elles ont au moins vingt-cinq pieds de
hauteur en y comprenant le piédestal. Chaque
apôtre est représenté avec l'instrument qui a
servi à son martyr, et j'ai remarqué la croix
de saint André, qui ressemble à des ailes
d'un moulin à vent; elle est en bronze. Saint
Barthélemi avait sur le sourcil une touffe de
gazon grosse comme la forme de mon chapeau, et je t'assure que d'en bas on ne la
voyait pas, car à peine distingue-t-on les traits
du visage; cependant, à cette élévation, on
ne se trouve qu'à moitié de la hauteur de l'é-
difice. Sur cette plate-forme en pierres bien
cimentées, et plombée en différens endroits,
on voit de toutes parts s'élever, autour de la
coupole, d'autres dômes plus petits, mais en
si grand nombre que l'on croirait se promener dans une petite ville. Ainsi, après avoir
parcouru la basilique dans l'intérieur, j'é-
prouvai beaucoup de satisfaction à visiter la

partie supérieure, marchant au milieu de cette infinité de petits dômes élevés au-dessus d'autant de chapelles qui ornent l'intérieur de l'église. C'est de dessus cette plate-forme que le jour de Pâques le Saint-Père donne la bénédiction *urbi* et *orbi*, en se tournant vers les quatre parties du monde.

Pour arriver à cette plate-forme, qui se trouve à la première enceinte du grand dôme, on monte un escalier sans marches, dont le plancher est uni et s'élève en talus à pente si douce qu'elle permet de monter et de descendre avec facilité, mais non pas sans fatigue; c'est par ce chemin en spirale que l'on parvient jusqu'au haut de l'édifice; les enceintes sont au nombre de trois.

Entré dans la seconde enceinte, toujours dans l'intérieur du grand dôme, je tournai tout autour de la coupole : à cet endroit l'élévation est déjà si prodigieuse, qu'en s'appuyant sur la rampe et considérant le bas de l'église, on en est ébloui, la tête vous tourne, et l'on éprouve des douleurs dans les ongles. Les prêtres qui étaient alors aux autels, ainsi que les assistans, ne paraissaient avoir que deux pieds de haut; mais ce qui me causa un grand plaisir, et que j'écoutai attentivement, ce sont les voix de ceux qui chantent dans l'église : ces voix deviennent flutées en montant dans la voûte, où elles vibrent et forment un son semblable à l'*harmonica*; on croirait entendre un concert céleste, ces *hosana* éternels que Milton et le Dante ont décrits dans leurs poëmes.

Toute la voûte de la coupole du grand dôme est couverte de mosaïques dans l'intérieur : ces mosaïques sont formées de pierres de la grosseur du pouce : ces pierres sont coloriées ou dorées ; d'en bas elles font un bon effet, ressemblant à la peinture à fresque ; mais de près le travail, quoique fort beau, est loin de flatter l'œil. Des figures d'anges, d'une grandeur colossale, sont représentées en mosaïques de distance en distance ; on y a mêlé aussi celles des apôtres et de plusieurs autres saints personnages.

Je suis monté jusque dans la boule qui est au-dessous de la croix ; j'y ai marché comme dans ma chambre ; on y peut tenir trente-deux personnes ; elle s'élevait de quatre pieds au-dessus de ma taille; d'en bas, cette boule semble être de la grosseur d'une bombe; la croix de fer qui la surmonte, a sept pieds de hauteur; on y arrive par un escalier en fer pratiqué sur la boule même.

La vue que l'on a de la galerie qui environne la lanterne au-dessous de la boule, est d'une étendue immense, quoique peu agréable, car les campagnes de Rome sont si incultes qu'on les prendrait pour un désert; autour, dans un rayon moins étendu, on voit la nouvelle Rome et les débris de l'ancienne. La Rome moderne est bien plus grande, puisqu'elle a quatre lieues de circuit, et qu'elle contient presque tous les débris de l'ancienne. Enfin vers l'horizon on aperçoit Tivoli, Frascati, Albano.

Après avoir parcouru cette église depuis le plancher jusqu'à la croix de fer qui s'élève sur la cîme de cet édifice merveilleux, je descendis dans les souterrains qui supportent ce gigantesque ouvrage; on l'appelle l'*Église souterraine :* cette basilique est presque aussi grande que l'église supérieure; la voûte est soutenue par un plus grand nombre de colonnes que ne l'est celle de l'église supérieure; mais elles sont de plus petite dimension et beaucoup plus rapprochées les unes des autres; les murailles et les colonnes sont revêtues de marbre blanc du plus beau poli. Un grand nombre de chapelles richement ornées environnent, comme l'église supérieure, cette basilique souterraine; et la lumière d'une multitude de lampes dorées qui brûlent perpétuellement, répand un vif éclat qui donne encore plus de magnificence à ce lieu sacré plongé dans une nuit éternelle, que la lumière du jour n'en déploie aux regards étonnés dans la basilique supérieure.

Si l'on réfléchit à la masse énorme dont tout le poids repose sur ces voûtes, on ne peut, sans surprise et sans émotion, en considérer la structure.

St.-Pierre de Rome a près d'une demi-lieue de circonférence dans l'intérieur.

Telle est l'impression que ce chef-d'œuvre des arts a faite sur mon esprit; j'espère que ma narration générale t'en donnera une idée plus juste que si j'entrais dans des descriptions minutieuses qui tiennent à l'architecture, et qui seraient la matière de plusieurs volumes in-folio; cependant j'y reviendrai pour te faire connaître les ornemens principaux de détail.

Passons au Vatican, édifice moderne qui est bâti sur l'emplacement des jardins de Néron; il tient à Saint-Pierre-de-Rome : c'est le plus beau muséum qui existe au monde ; les galeries offrent à l'amateur de tableaux et de statues antiques et modernes, la collection la plus complète qu'il y ait en Europe ; les salles sont admirablement décorées en marbres les plus précieux, en granits de toutes couleurs; j'y ai retrouvé l'Apollon du Belvéder, le Laocoon grec, le Mercure, et beaucoup d'autres statues qui nous ont appartenu.

Je me suis promené dans le jardin dit de Néron : il n'est qu'une partie de l'ancien sur lequel est bâti le Vatican. Ce jardin se trouve entre Saint-Pierre-de-Rome et l'une des galeries du Vatican; il est de forme carrée; l'étendue est d'un quart d'arpent environ ; on y cultive des orangers et des citronniers plantés dans des vases en terre cuite et placés sur des socles en pierre, de distance en distance. Une fontaine antique, attenante à l'une des murailles qui environnent ce jardin, jette une eau limpide qui contribue à rafraîchir un peu l'air, très échauffé par l'ardeur du soleil qui

16..

darde ses rayons sur les murailles; des plates-bandes de fleurs variées contribuent aussi à en rendre le coup-d'œil assez agréable.

Remonté dans les galeries du Vatican, je fus introduit dans une très belle salle vitrée, dont les murailles sont en marbre blanc, et les planchers de mosaïques en marbre de diverses couleurs. Les dessins de ces planchers représentent les ornemens pontificaux, les chiffres et armoiries du pape Pie VII, actuellement régnant, * et qui a fait construire et orner cette partie du Vatican. De chaque côté de cette salle sont rangées plusieurs statues en pied : ce sont des empereurs romains.

Quant aux autres galeries, elles sont ornées de statues antiques et modernes, de vases en pierres précieuses, en agate, en marbre, en albâtre et en porphyre. Dans l'une de ces salles on me montra les deux tombeaux en porphyre, l'un de la mère, et l'autre de la fille de Constantin. Ce sont deux morceaux de sculpture fort précieux, si ce n'est pour l'élégance des formes, au moins pour le poli que l'on a donné à cette pierre extrêmement dure : ces tom-

* Le pape Pie VII est mort en 1823.

beaux sont d'un aspect singulier à cause du nombre considérable des petites figures qui y sont sculptées en bas-relief.

Dans une autre salle, la plus belle pièce qui frappa mes regards, est une vaste coupe ou bassin en porphyre, d'une dimension si considérable que l'on pourrait ranger autour au moins quarante personnes. Ce vase, soutenu par un pied unique, est d'une seule pièce, ce qui le rend d'un prix inestimable.

Dans les nombreuses travées de ces galeries, on a peint à fresque les cartes géographiques de toutes les parties du monde, ainsi qu'un grand nombre de cartes particulières des villes de l'Italie ; ces cartes ou plans forment les ornemens qui décorent les murailles.

Plusieurs travées sont tendues en tapisseries de Bruxelles, tissées en soie et en fils d'or et d'argent. Enfin ces galeries du Vatican sont enrichies des plus beaux monumens des arts en tous genres.

En quittant ce magnifique séjour, j'ai été visiter les fouilles du palais de Néron, car l'habitation de ce farouche romain est engloutie sous la terre. Il n'est pas loin du Colysée, où les Romains, pour se divertir, allaient voir dévorer, par des bêtes féroces comme eux, des milliers de chrétiens, ou se procurer quelques émotions en excitant leurs gladiateurs à s'entretuer. Ce vaste cirque pouvait contenir cent mille spectateurs ; il y a trois étages de loges.

J'ai examiné l'endroit par lequel on lâchait les lions et les tigres dans l'arène : c'est un corridor souterrain pavé en mosaïque ; il communique à l'arène du cirque par une trappe dont les bords sont restés profondément sillonnés par les griffes de ces bêtes féroces. Cette arène, que j'ai parcourue, est fort grande ; on ne peut s'empêcher d'éprouver un frémissement de terreur et de compassion en voyant les petites chapelles élevées en divers endroits, où l'on a su positivement que le sang de plusieurs martyrs avait été répandu.

Non loin du palais de Néron sont les bains de Titus ; on ne peut y pénétrer, de même que dans les fouilles du palais de Néron, qu'en s'éclairant avec des torches. On creuse et l'on déblaye tous ces vastes souterrains, ouvrages que les Français avaient fort avancés. L'humidité et le temps ont épargné quelques restes de peinture, de dorure et de mosaïques.

On m'a montré une voûte dont Raphaël est venu dessiner les ornemens pour les transporter et les exécuter en peinture à fresque dans une des galeries du Vatican; ce sont des bosquets de feuillages d'un assez mauvais goût. Je trouve que ce qu'il a créé de lui-même en ce genre, vaut beaucoup mieux que ce qu'il a copié dans ce souterrain. Tous ces bâtimens sont en briques autrefois couvertes de marbres ou de stuc, et ne forment qu'un rez-de-chaussée sans étage au-dessus; les plafonds sont en voûte et très élevés : en ce moment les travaux sont poursuivis bien lentement.

Le Panthéon est une vaste rotonde ouverte par en haut; les pluies tombent au milieu et dégradent le plancher qui est dallé; le portique est soutenu par de belles colonnes de granit. Ce bâtiment, l'un des mieux conservés qui restent des Romains, quoique très simple, est d'un bon goût d'architecture ; il contenait tous leurs dieux principaux, dont on voit encore les niches. Depuis on en a fait l'église de Sainte-Marie-de-la-Rotonde.

On y a placé les restes mortels de plusieurs grands artistes, entr'autres ceux de Raphaël : son cercueil est scellé dans l'intérieur du mur près d'un autel. Je trouve ce mausolée bien modeste; il ne consiste que dans l'inscription qui y est gravée; le corps seulement de ce grand homme est dans le cercueil; quant à sa tête, on la conserve dans une boîte de verre au musée de Saint-Marc. Je suis allé voir cette tête précieuse; le crâne est d'une petite dimension, très bien conformé; à voir la délicatesse des os, et la conformation de la bouche, du nez, des sourcils, on croirait que cette tête était celle d'une femme; on juge par-là que Raphaël avait les traits fins et délicats, ce qui est conforme à plusieurs bustes en marbre que j'ai vus de cet illustre peintre. Du reste le musée de Saint-Marc ne renferme pas un seul bon tableau.

Avant d'arriver à ce fameux Capitole dont le nom est plus célèbre que le bâtiment n'est beau, on voit sur la gauche quelques colonnes, débris du temple de la Concorde; un peu plus loin, vers la droite, sont les débris du temple de Jupiter-Tonnant. A partir de l'ancien Forum, place peu étendue, on monte par un chemin en talus, et l'on entre par une grille dans la cour du Capitole, ornée de petits bassins et de la statue équestre de Marc-Aurèle ; on y remarque aussi la place, et quelques débris informes du temple de Jupiter-Stator : de l'autre côté l'on découvre la Roche Tarpéïenne.

Cet édifice, quoique l'un des plus magnifiques de l'ancienne Rome, est fort peu majestueux comparativement aux bâtimens modernes. Les escaliers sont étroits, et les nombreuses salles, d'une étendue très médiocre et mal distribuées, ne lui donnent nullement l'aspect d'un palais. Mais ce qui le rend très intéressant, c'est la belle collection de statues que j'ai examinées avec admiration ; ce sont des sculptures enlevées en grande partie à la Grèce par les Romains, telles que le Jupiter-Olympien, admirable statue ; le Mars, d'une dimension et hauteur colossales ; des Vénus, des Dianes, les deux Gladiateurs, et un nombre considérable d'autres chefs-d'œuvre. La plus belle mosaïque qui existe au monde, ouvrage grec, est aussi au Capitole : ce sont des pigeons qui boivent dans un vase rempli d'eau ; j'en ai acheté une petite copie à Rome, car les artistes en mosaïque en font un grand nombre ; d'un côté j'ai les pigeons du Capitole, et de l'autre la façade de Saint-Pierre de Rome.

Ce qui est plus moderne, c'est-à-dire du temps des empereurs romains, est rassemblé dans plusieurs salles. La plus intéressante est celle qui conserve la statue en pied et de grandeur naturelle, de la fameuse Agrippine, mère de Néron : cette statue est d'une belle exécution ; elle est assise. C'est dans cette même salle que tous les empereurs romains sont rangés par ordre ; mais ces bustes sont d'une médiocre perfection. Vient après la salle des bustes des orateurs, poëtes et philosophes de l'antiquité ; cette série de grands hommes est continuée par Canova, qui a déjà rempli plusieurs salles des héros et des grands artistes modernes, et l'on peut dire que ces bustes surpassent de bien loin ceux des anciens. On voit du même artiste, au Vatican, une statue en pied représentant Persée tenant la tête de Méduse, et deux Lutteurs au pugilat, qui sont de la plus grande beauté. Cet illustre sculpteur de notre temps peut être mis sur la ligne des plus fameux artistes de l'antiquité grecque. *

---

* Le célèbre Canova est mort à Venise en 1823 ; il a été enseveli dans une église qu'il avait fait bâtir à ses frais, et qu'il avait ornée d'un grand nombre de

Non loin du Capitole se trouve le temple de Janus, petit édifice romain bien délabré; j'ai pris un morceau d'une des corniches de ce temple; c'est un petit fragment de marbre très commun, que je conserve pour le montrer aux admirateurs passionnés des Romains. Du reste, ce temple est d'une mesquinerie qui exciterait la pitié des plus chauds amateurs des antiquités romaines; il ne subsiste plus en entier que le portique; en élevant le bras on touche au haut.

Tout près de ce temple de Janus est l'arc de triomphe de Septime Sévère, qui fait face au Capitole; ce monument, quoique fort simple, et je crois en briques, est d'un bon goût d'architecture.

On m'a montré l'égoût que Tarquin fit construire; il est à peu de distance du temple de Janus et de l'arc de triomphe de Septime Sévère. Cet ouvrage magnifique annonce la grandeur des vues de ce dernier roi de Rome; car c'est une espèce de rue en voûte, de dix pieds d'élévation, et qui a huit lieues

ses chefs-d'œuvre; c'est ainsi que les artistes italiens font servir leurs talens à la pompe de la religion.

de longueur sous terre; cet égoût passe sous
le lit du Tibre, qui n'est pas éloigné de là.
Une fontaine appelée l'eau vierge, *aqua vergine*, qui est excellente à boire et d'une limpidité qui approche de l'air, coule avec force
dans l'égoût de Tarquin, et pousse les im-
mondices de Rome bien loin dans la route
souterraine.

Près de là est la maison de Romulus, espèce de fort en briques, accompagné de débris informes d'édifices ou de maisons; l'enceinte de cette ancienne ville, qui ne serait
pour nous qu'un chétif hameau, et qu'il traça
lui-même, est conservée par un mur réparé;
néanmoins l'aspect du berceau de l'empire romain, si faible alors, et qui devint si puissant
par la suite, n'est pas sans intérêt pour l'observateur.

A côté de cette muraille est le temple de
Mars, qui ressemble plutôt à une hutte qu'à
un monument. Non loin du temple de Janus,
sur l'un des bords du Tibre, fleuve fort peu
large, est la maison d'Horatius Coclès; elle
est assez bien conservée. Vis-à-vis sont les
débris du pont que ce hardi guerrier défen-
dit seul et ordonna de rompre derrière lui

pendant qu'il soutiendrait l'effort de l'ennemi. Il ne reste plus que deux arches de ce
pont, lesquelles tiennent au rivage opposé.

Sous le rapport du mélange de l'antiquité
profane avec les souvenirs de la naissance de
notre religion chrétienne, ou plutôt de son
établissement sur les débris de la puissance
romaine, ce qu'il y a de fort curieux, c'est
l'église de Saint-Jean-de-Latran, première
église de Rome; et tout auprès, le baptistaire
de Constantin, premier empereur romain qui
se fit chrétien; enfin le palais et le jardin de
cet empereur. Ce jardin ou parterre, car il
n'a pas un quart d'arpent, est environné d'une
galerie à petites colonnes chargées de mosaïques d'un travail vraiment singulier; ces
petites colonnes sont toutes de différentes formes et en très grand nombre. Le parterre est
à présent inculte et couvert d'herbes.

Voici ce que ces galeries renferment de
plus curieux : les colonnes de marbre blanc
qui se fendirent en long par moitié au moment de la mort du Rédempteur; ces colonnes étaient dans le palais de Pilate, à Jérusalem, et furent envoyées en présent à l'église,
par Constantin, ainsi que la chaire à deux

colonnes aussi en marbre, où l'on présenta
Jésus-Christ au peuple, en criant : *Ecce
homo!* Chaque personne qui voit cette espèce
de mesure de la taille de notre Seigneur, est
invitée à s'y placer ; et l'on affirme qu'encore
aucun homme ne s'est trouvé justement de
cette taille ; on est ou trop grand ou trop petit. Si cela est vrai, Jésus-Christ devait avoir
cinq pieds et environ six pouces de nos me-
sures, car il me manquait à-peu-près un pouce
pour que ma tête touchât au haut. On voit
aussi la base de la colonne de marbre où
saint Pierre renia son maître, avec cette inscription écrite depuis : *Et gallus cantavit* ;
ainsi que la margelle du puits en marbre
blanc, auprès duquel le Christ parla à la Sa-
maritaine. Mais ce qu'il y a de plus curieux
aussi bien que de plus vénérable, c'est l'escalier de marbre blanc que Constantin fit transporter à Rome, du palais de Pilate à l'église
de Saint-Jean-de-Latran, et que l'on a placé
dans un lieu voisin et séparé, escalier par lequel notre Seigneur monta au palais de Pilate.
On a renfermé ce précieux monument dans
des marches de bois, de manière à ce que l'on
puisse voir distinctement celles en marbre.

L'escalier est composé de trente-trois marches; il n'est permis de le monter que sur les
genoux, en récitant à chaque marche une
prière. Une chapelle se trouve en haut; et
ceux qui vont y prier en font une espèce de
pélerinage. Il n'y a que les papes qui disent
la messe à cette chapelle, et qui en aient la
clef; quant à l'escalier, il est ouvert à tout le
monde.

Dans l'église même de Saint-Jean-de-Latran, on voit un catafalque élevé au milieu
du chœur de l'église; c'est l'endroit où l'on a
déposé les têtes de saint Pierre et de saint
Paul, dont les corps sont à Saint-Pierre-de-
Rome, sous le grand baldaquin.

Puisque je reviens à Saint-Pierre, je me
rappelle quelques détails principaux qui
pourront compléter ma description. Le premier objet curieux, c'est une statue de Jupiter-Olympien, assise dans une chaise curule;
la statue et la chaise sont en fer. Constantin
fit couper ou scier la tête de Jupiter, et ayant
fait forger la tête de saint Pierre, qui est,
dit-on, très ressemblante, il la fit placer sur le
corps du Jupiter : elle y est soudée. On a posé
cette statue dans le milieu de la grande ave-

nue qui conduit au grand baldaquin, dans l'église même.

Au fond de la basilique, on voit l'étui dans lequel la chaire de saint Pierre est enfermée; elle est d'une forme singulière et placée au-dessus d'un des autels.

Tous les tableaux des grands-maîtres qui ornent chacun des nombreux autels, sont exécutés de grandeur pareille en mosaïque, avec une perfection si étonnante, qu'il faut que l'on vous avertisse que ce n'est point de la peinture à l'huile que vous voyez, mais un tableau en mosaïque.

Je ne pourrais plus finir s'il fallait dire tout ce qu'il y a de beau, de riche, d'admirable dans ce chef-d'œuvre des chefs-d'œuvre. Sous le rapport de la richesse, il y a un des autels où sont placées des colonnes qui soutiennent un tabernacle en or fin; elles ont bien deux pieds au moins d'élévation, et sont en lapislazzuli massif incrusté d'or; c'est peut-être le mor-ceau le plus précieux qui existe au monde. Sous celui de l'art, l'église est toute en marbre blanc, ornée des plus belles sculptures; deux béni-tiers énormes, soutenus par des anges, sont à l'entrée de l'église. Les colonnes qui supportent la voûte sont d'une grosseur telle, que sept hommes en se tenant par la main parviendraient à peine à en embrasser une. Quelques-unes de ces colonnes ou pilastres contiennent des tombeaux dont la porte est fermée par des bas-reliefs en marbre blanc.

Sous le portique, avant d'entrer dans la basilique, on voit, à l'extrémité de la galerie, de chaque côté, deux statues équestres en marbre blanc; l'une représente Constantin, l'autre Charlemagne; ces statues sont en demi-ronde bosse et d'une étonnante perfection. La première est du chevalier Bernin, la seconde du Cornacchini.

Ste.-Marie-Majeure, la plus belle des églises de Rome après Saint-Pierre, est ornée de soixante-dix colonnes de granit blanc, d'une prodigieuse élévation et d'une seule pièce; on y voit le tombeau où sont renfermées les reliques de saint Étienne, premier martyr; il est devant le grand autel; une lampe perpétuellement allumée éclaire le cercueil. Le premier or que l'on tira du Pérou a servi à dorer les plafonds de cette église.

Dans celle de Sainte-Marie-des-Anges, qui était autrefois le bain de Dioclétien, on

voit le tombeau où fut déposé le corps de
saint Benoît. Cette église est surtout remarquable par l'énorme volume de ses colonnes
de granit ; l'architecture en est d'une majestueuse simplicité; c'est un des ouvrages de
l'immortel Michel-Ange. La méridienne de
Bianchini traverse cette église en diagonale.

Passons à l'une des choses qui inspirent le
plus d'horreur et en même temps une grande
vénération : c'est la prison de saint Pierre ; on
y descend à présent par un escalier pratiqué
depuis; car, auparavant, il n'y avait qu'une
ouverture grillée, au-dessus du cachot, par laquelle le saint apôtre fut descendu avec des cordes. C'est exactement un cul-de-basse-fosse ;
on y voit la borne où fut enchaîné St. Pierre,
et le lieu où il s'assit est remarquable par le miracle du Puits-de-Vérité , ainsi appelé parce
qu'on le pratiqua après la mort du saint
martyr , lorsqu'on s'aperçut qu'à cette même
place où il s'était assis, une source d'eau vive
jaillit, contre toute possibilité physique.

La circonférence de ce petit puits est de
la grandeur d'un mortier à obus; on a fait
les bords en fonte et l'on y a attaché avec une
chaîne deux cuillères en fer, dont se servent

ceux qui visitent ce lieu terrible, pour boire de cette eau miraculeuse.

De savans personnages ont examiné cette fontaine, et ont constaté qu'il était impossible qu'il existât, par la nature du terrain, aucune source en cet endroit, ni dans les lieux environnans. Comme cette eau avait paru tout-à-coup, on pensa qu'elle pouvait provenir de quelques sources ou fontaines qui se seraient fait jour à travers les épaisses murailles; on jeta donc des teintures dans toutes les eaux des environs, et l'on trouva que l'eau du Puits-de-Vérité avait conservé toute sa limpidité; ces expériences réitérées, et la conformation des lieux examinée, on trouva que, sans un miracle, cette source ne pouvait pas exister dans ce cachot. Ce qui accroît encore la merveille, c'est que l'on assure que l'eau ne dépasse jamais les bords en fonte, et cependant on ne la puise guère que pour la faire goûter aux curieux; tous ces faits m'ont été affirmés par des personnes dignes de foi.

Au fond du cachot est une porte qui donne dans les catacombes, et par laquelle on jetait les cadavres des maryrs chrétiens immolés

17..

dans la gémonie qui est au-dessus de cette
affreuse prison. On a érigé un autel auprès
de ce lieu où tant de sang a coulé. Un frémissement d'horreur et une sueur froide
me saisirent en examinant les murailles qui
sont encore imprégnées du sang des martyrs, quoiqu'on ait nettoyé et lavé les pierres
des murailles et du plancher; c'est là que les
bourreaux égorgeaient leurs victimes. Je n'ai
rien vu qui m'ait fait une impression plus
profonde et plus terrible; il me semblait encore entendre les gémissemens de ces martyrs,
les coups de hache qui les mutilaient, et voir
les ruisseaux de leur sang inonder les murailles et les pavés. Ce lieu est sombre et
horrible; le jour n'y pénètre que d'une manière oblique par l'escalier; car l'unique fenêtre grillée ne peut se voir de cet endroit,
étant au haut de cet escalier qui se brise en
coude; la lueur en est faible et sépulcrale; on
y respire de tous côtés une odeur cadavé-
reuse qui n'a pu s'évaporer entièrement, car
il n'y a nul moyen de faire pénétrer l'air en
ce souterrain. Les cheveux vous dressent sur
le front en parcourant ce lieu d'horreur, et
lorsque j'en suis sorti mes yeux se remplirent

de larmes; une tristesse profonde me navra le cœur le reste de la journée.

Le lendemain j'allai voir l'église de Saint-Pierre-aux-Liens, où l'on a renfermé à la sacristie, dans une armoire en fer, incrustée de cuivre, les chaînes qui ont attaché les pieds et les mains de saint Pierre. Le pape en a une clef, et le cardinal-gouverneur de Rome en possède une autre; au fronton de la porte d'entrée on a simulé en bronze doré ces chaînes précieuses. L'église est surtout remarquable par la fameuse statue de Michel-Ange-Buonarotti, représentant Moïse assis, tenant en main le Livre de la Loi. Il n'est rien dans l'antiquité qui puisse être comparé à cette statue de marbre précieux, qui a au moins huit à neuf pieds d'élévation : la figure de Moïse a un caractère de gravité majestueuse vraiment divine; une longue barbe qu'il écarte avec l'une de ses mains, lui descend jusqu'à la ceinture. Les membres, quoique de grandeur colossale, sont d'un fini tel, que les muscles et les veines y sont retracés avec la plus grande exactitude. Ce qu'il y a de caché à l'œil, est d'un aussi beau travail que ce qui est en vue du spectateur.

Il serait bien à désirer que tous les sculpteurs modernes allassent comme en pélerinage voir cette sublime statue, qui leur don-
nerait une idée juste de leur art et de la
marche que l'on y doit suivre : l'on ne ver-
rait plus alors languir la sculpture dans des
copies monotones et insipides de toutes les
statues des faux dieux de l'antiquité. L'on en
apprend plus en une heure à considérer attentivement cet admirable chef-d'œuvre de
sculpture, qu'à demeurer dans la poussière
des ateliers pendant une année.

Les traits du visage de ce chef-d'œuvre, les
formes des membres, les détails des cheveux,
de la barbe, tout est copié sur la *nature
même* et non pas sur l'antique ; aussi cette
belle statue présente un caractère de vérité
qui ne fait qu'en accroître la majesté sublime,
et la met au-dessus de tous les ouvrages de
l'antiquité.

Derrière cette divine statue de Moïse, il y
a une chapelle toute en marbre sculpté, ornée
de statues et de bas-reliefs admirables éclos
de même sous le ciseau savant de Michel-
Ange. On trouve rassemblés dans ce lieu, la
majesté, la grâce, la beauté, les modèles de

ronde-bosse et de bas-reliefs, enfin la sculpture d'ornement; tout est là, et celui qui veut étudier son art sous toutes les formes, y trouvera un ample sujet de se satisfaire.

Je passe du sacré au profane; ce mélange fait une partie du charme attaché à tous les monumens qui sont dans Rome. Je ne puis m'empêcher d'observer ici que pour éprouver de grandes émotions, il faut être non-seulement instruit des événemens qui ont accompagné l'établissement du christianisme en cette partie du monde, mais être convaincu des vérités de la foi chrétienne, autrement on n'y trouve pas un grand intérêt. Les débris qui restent des monumens de la grandeur romaine sont trop au-dessous de l'idée que l'on s'est formée, surtout lorsque l'on fait la comparaison des artistes chrétiens qui ont illustré l'Italie par des monumens des arts, avec les artistes romains. Je dis naturellement et sans emphase ce que j'ai éprouvé moi-même; car j'avoue que, bercé avec ces idées de grandeur et de magnificence du peuple romain, je m'attendais à voir le contraire de ce que j'ai vu, c'est-à-dire, les monumens anciens admirables, et ceux des modernes beaucoup moins beaux : le contraire est la vérité : tout, dans les modernes, annonce une supériorité si grande, qu'il faut s'en convaincre par ses propres yeux pour le croire.

Revenons à ce que j'avais entrepris de te dire. Sortant de Saint-Pierre-aux-Liens, je passai du sacré au profane en visitant le tombeau des Vestales, appelé en italien Campo-Scelerato. On voit près de ce lieu les débris du palais de Drusus.

Ce champ scélérat, qui renferme les ossemens de tant de victimes ensevelies toutes vivantes, est à présent un jardin planté de légumes et d'arbres fruitiers. Ce sont des maraichers qui habitent cet ancien temple; on y voit encore les niches où étaient placées des statues autour de l'autel où l'on entretenait le feu sacré au péril de ses jours. A cet endroit même je trouvai, au lieu du feu si vénéré autrefois, un grand monceau de pommes-de-terre, je ne pus m'empêcher de sourire à cet aspect, en marmotant entre mes dents le *sic transit gloria mundi!* De chaque côté de cette rotonde ouverte d'un côté, et qui était le temple, s'étendent de vastes débris de bâtimens ou tombeaux, lesquels sont ensevelis

sous terre et couverts de gazons et d'arbris-
seaux : c'est là que l'on enterrait les victimes;
on y a trouvé des ossemens; mais tous ces
débris sont parsemés et couverts çà et là de
terres éboulées, enfin l'on n'aperçoit que
quelques murailles en briques à moitié ruinées. Ce lieu est d'un aspect bien triste; les
souvenirs que l'imagination y ajoute, causent
de l'horreur et de l'attendrissement. Dans les
maisons qu'occupent les paysans, on a dé-
blayé les terres de plusieurs tombeaux. Je
suis descendu par la trappe où l'on introdui-
sait l'infortunée Vestale. Le caveau a tout au
plus six pieds carrés; c'est une véritable espèce de cercueil muré. Il paraît que pour la
forme on déposait un vase plein d'eau et du
pain, et qu'aussitôt après on jetait de la terre
par la trappe jusqu'au comble; ainsi la victime expirait étouffée. Cette barbarie reli-
gieuse, ou plutôt idolâtre, fait frémir, et
l'idée me vint, à l'aspect de ces galeries de
tombeaux qui accompagnent le temple du feu
éternel, que ce feu éternel, divinité de ces
païens, se trouvait environné de ses victimes:
c'était véritablement le Dieu des morts.

Dans un autre marais qui avoisine les

tombeaux des Vestales, se trouvent ce que les habitans appellent *le sette sale*, c'est-à-dire les sept salles. Ce sont des débris de galeries voûtées, longues de cinquante pas, larges de dix, à un seul rez-de-chaussée, sans fenêtres dans l'intérieur; elles ne pouvaient être éclairées que par les portes ou par des flambeaux. Ces galeries sont à côté l'une de l'autre, chacune desquelles a son entrée particulière. Cette série de voûtes forme une façade d'environ cent pas; on n'y voit plus que les briques dont elles étaient construites; quant aux ornemens, ils paraissent avoir été en stuc ou en plâtre, car j'en ramassai des fragmens dans les décombres de cet édifice. On rapporte que ce sont sept empereurs romains qui ont successivement fait construire ces salles, qui ne peuvent pas être considérées comme une maison de plaisance, mais comme des orangeries; quoique cependant l'on assure que ces empereurs y venaient tenir conseil et y respirer le frais.

Non loin de là, de l'autre côté du palais de Drusus, est une pyramide en granit d'une assez grande élévation, que l'on nomme le tombeau de Caïus Cestius; ce monument à forme égyptienne n'a rien de bien élégant, mais ce qui le rend curieux, c'est son intacte conservation, et sa masse qui est assez considérable. La pyramide est environnée d'un fossé ; on entre dans la chambre sépulcrale par ce fossé, où est pratiquée une porte.

C'est devant cette pyramide que les protestans ont établi leur cimetière ; car ils ne sont pas enterrés dans les lieux de la sépulture des catholiques. J'y ai remarqué quelques pierres en marbre poli, portant des inscriptions anglaises, et deux petits tombeaux en marbre, d'une bonne architecture ; ce sont aussi des Anglais qui y sont ensevelis.

En sortant de Rome par la porte Capenne, et suivant la rive gauche du Tibre, on voit, un peu avant de quitter la ville, sur la droite, un temple de Vesta ; c'est une petite et mince espèce de kiosque environné de petites colonnes. Cet édifice romain n'a que peu d'élévation et aucune majesté.

Plus loin, sur la gauche, sont les débris du palais de Jules-César ; il ne reste plus que des murailles en briques qui tombent en ruines.

En suivant le Tibre, on prend un chemin qui vous conduit à l'église de Saint-Sébastiendes-Catacombes; elle est à trois quarts de lieue de la ville. L'église est assez belle. Sous un des autels, en entrant à gauche, auprès de la porte des Catacombes, j'ai remarqué une statue en marbre précieux, qui représente saint Sébastien étendu, mort percé de flèches. Cette statue est un véritable chef-d'œuvre; elle est, dit-on, d'un élève de l'Algarde, appelé Giorgetti. On ne saurait trop admirer ce morceau de sculpture, vraiment touchant de vérité et d'expression.

Ce fut un religieux qui me conduisit dans les Catacombes, ce refuge des premiers chrétiens persécutés, et en même temps leur sépulture. Il faut descendre un escalier d'environ cinquante marches, dont la porte est dans l'église même de Saint-Sébastien; bientôt on passe, en se courbant, entre des rochers qui sont les uns sur les autres, et dans l'enfoncement desquels il y a un peu de terre très humide; le religieux me montra un petit autel où les réfugiés chrétiens priaient Dieu. Il y a sur cet autel un bas-relief représentant Jésus-Christ enfant : nul autre ornement que celui-ci.

Plus loin on a dressé un autel à l'endroit

où l'on découvrit le corps de saint Sébastien, martyr. Non loin de l'autel on me montra un enfoncement sous le rocher où l'on a trouvé sainte Cécile; car les chrétiens que l'on martyrisait étaient jetés dans les Catacombes, et les frères qui se trouvaient dans ces vastes souterrains, prenaient les cadavres, et creusant la terre qui est entre ces rochers, y déposaient les corps qu'ils recouvraient de cette terre végétale; quand ils reconnaissaient les martyrs, ils avaient le soin de graver leur nom sur un morceau de pierre qu'ils plaçaient sur le lieu de la sépulture de chacun d'eux; c'est ainsi que l'on a su les noms d'un grand nombre des martyrs chrétiens qui étaient ensevelis dans ces souterrains et entre ces rochers.

Près de là j'ai vu le lieu où l'on trouva les os de saint Maxime : les petites pierres y sont restées et portent encore les noms gravés grossièrement.

J'aperçus, avec le secours de mon faible luminaire (car chacun tient en main un petit cierge), j'aperçus, dis-je, dans un entre-rocher, près du tombeau de sainte Cécile, un fragment d'os parmi cette terre; sans hésiter je m'enfonçai dans l'excavation, et je saisis cet objet de ma curiosité; le bon religieux me vit, et il sourit, sans rien dire; je conserve soigneusement ce fragment, et j'y attache un grand prix, parce que je suis sûr que c'est bien un ossement trouvé dans les Catacombes, puisque je l'ai recueilli moi-même. Ce fragment d'os paraît être une rotule. J'avoue aussi que je ne pus m'empêcher de prendre un morceau de terre où coula le sang de sainte Cécile, et un autre qui fut arrosé de celui de saint Maxime, et je conserve ces objets comme très touchans, sans les regarder comme de véritables reliques.

Enfin, après avoir long-temps parcouru ces lieux souterrains, je sortis fort satisfait de mon voyage, et je remerciai bien le bon religieux qui m'avait laissé consommer mes petits larcins.

Un peu plus loin que l'église de Saint-Sébastien, vers la gauche du chemin, on voit un débris de monument en briques, écroulé par le haut, et qui n'a rien de remarquable, si ce n'est le nom qu'on lui donne : on l'appelle le sépulcre de *Cecilia Metella*, dame romaine.

En revenant du côté de Rome, on voit aussi les débris des écuries de Caracalla, ou cirque de Caracalla, et un peu plus loin un débris de grotte que l'on dit être celle de la nymphe Égérie, où Numa Pompilius allait méditer les lois qu'il donnait aux Romains, se disant inspiré par cette nymphe.

En rentrant dans Rome, je visitai le palais du pape, au mont Quirinal. Sur la place de Monte-Cavallo, on voit une belle fontaine et deux chevaux en bronze, ouvrages grecs, qui sont, l'un de Phydias, et l'autre de Praxitèle : ce palais, dont la cour est environnée de portiques, est vaste et bien décoré ; cependant les ameublemens ne sont rien, en comparaison de ceux qu'ornent à Paris les demeures des riches particuliers.

Une église qui mérite d'attirer l'attention des curieux est celle de Saint-Martin ; elle est d'une construction tout-à-fait différente des autres : quand on est dans l'intérieur de l'église, il faut monter un bel escalier en marbre pour arriver au maître-autel ; deux galeries, également en marbre, s'étendent de chaque côté, et de petits autels y sont placés de distance en distance. On descend par un escalier en marbre pratiqué sous le grand autel, et dans une chapelle souterraine on conserve les ossemens et les reliques des saints martyrs que l'on a trouvés dans les Catacombes. Leurs noms, en latin et en grec, sont gravés sur des portes en marbre qui se trouvent à l'entrée de l'escalier.

Dans cette chapelle souterraine il y a une porte qui donne dans les Catacombes, mais on l'a fait murer depuis quelque temps, parce qu'un jeune homme eut l'imprudence de s'y engager seul, et depuis on ne l'a plus revu ; il paraît qu'il s'égara, et que ne pouvant plus retrouver son chemin pour en sortir, il y périt. Cet accident a été répété plusieurs fois, et l'on ne saurait trop prendre de précautions contre de si funestes curiosités.

Il ne m'est pas possible d'entrer dans les détails sur tant d'églises admirables qui sont à Rome, telles que la Vierge de la Victoire, celle de Saint-Louis, de Sainte-Agnès, de Sainte-Constance, de Saint-Augustin, de Sainte-Cécile et de Saint - Paul , * hors des murs ;

* Cette église a été incendiée en 1823 ; mais si l'on a , comme on l'affirme, conservé les colonnes de

les portes de cette église sont celles du temple de Jupiter Capitolin ; il suffit de dire que toutes les églises de Rome sont magnifiques , et que la plupart contiennent des curiosités qui leur sont particulières.

La plus belle place de Rome est sans contredit la place Navone, qui est celle du marché de la ville ; on y voit trois fontaines : la principale est magnifique , elle est surmontée d'un obélisque et ornée de quatre statues colossales , représentant les principaux fleuves du monde.

La place d'Espagne, qui n'est pas très régulière, mais bien aérée, fournit des logemens à presque tous les étrangers ; il y a au milieu, vis-à-vis la grande rue, une fontaine appelée *Baraccia*, ou barque ; elle fut , dit-on, construite sous le règne de l'empereur Domitien.

Plusieurs autres places , presque toutes embellies par des fontaines publiques, méritent d'attirer l'attention ; la plus remarquable est

marbre blanc qui soutenaient la voûte, on a sauvé ce qu'il y avait de plus beau dans ce monument, car du reste l'église n'était ni bien ornée ni bien entretenue.

celle de Trévi, qui fournit l'*aqua vergine*, la seule que l'on doive boire dans Rome.

Enfin celle qui déploie la plus grande masse d'eau est située non loin de Saint-Pierre-in-Montorio, mais elle n'est pas d'une belle architecture; ce qui la rend digne d'être examinée par le voyageur, c'est l'énorme volume d'eau qui en jaillit avec la force d'un torrent, et qui pourrait servir à mettre en mouvement les roues des plus vastes machines.

Parmi les antiquités que l'on voit sur plusieurs places, s'élève la colonne Trajane, qui a été imitée à Paris avec une supériorité qui fait beaucoup d'honneur aux artistes français; la colonne de la place Vendôme est plus élevée, plus volumineuse et appuyée sur une base bien plus majestueuse que celle de la colonne Trajane, outre que les figures des bas-reliefs sont beaucoup mieux exécutées.

Sur une autre place, on voit la colonne Antonine, médiocre d'élévation et de travail; puis la porte du peuple, par laquelle on entre à Rome par la voie Flaminienne; je ne sais si cette porte est antique ou moderne: on vante cet arc de triomphe comme le plus beau de Rome. Les portes Saint-Denis et Saint-Martin de Paris me semblent supérieures ; quant à l'arc de triomphe qui est à la grille des Tuileries, il est tellement supérieur à cette porte du peuple, que l'on ne peut pas les mettre en parallèle.

Hors de Rome j'ai été visiter plusieurs *ville* ou maisons de campagne ; entre autres la villa Albani et la villa Borghèse ; cette dernière est bâtie sur l'emplacement des jardins de Salluste. Pour les jardins, ils sont bien moins beaux que nos parcs de France ; je ne parle pas des parcs royaux, mais seulement des beaux parcs appartenant aux particuliers qui ont une grande fortune ; cependant ces deux *ville* renferment une collection de statues et de tableaux qui doivent engager le voyageur à les aller visiter.

Lorsque l'on parle des Sept-Monts ou collines renfermés dans les murs de Rome, tels que l'Aventin, le Célien, l'Esquilin, le Quirinal, le Pincio, le Palatin et le Janicule, il ne faut pas se figurer qu'ils soient ardus et sauvages, ni d'une vaste étendue comme les montagnes des Alpes ou des Apennins ; ils sont, au contraire, comme les monts ou buttes renfermés dans Paris, telles que la montagne Ste.-

18..

Geneviève et la butte Saint-Roch, et autres éminences couvertes par les maisons; ce sont des rues pavées plus ou moins roides à monter; la plus difficile à gravir est celle qui mène à la fontaine de Saint-Pierre-in-Montorio; elle n'est ni si longue ni si rapide que la rue des Martyrs à Paris, par où l'on va à la butte Montmartre, colline bien plus élevée que tous les monts renfermés dans Rome. Cette capitale nourrit cent quarante mille habitans.

Voici, ma chère sœur, tout ce que j'ai vu de véritablement curieux dans cette capitale du monde chrétien; je passe sous silence un grand nombre de monumens qui n'ont vraiment ni beauté ni grand attrait, car il faudrait ne plus finir; il y a aussi dans Rome bien des palais ou grandes maisons, mais on ne peut les comparer qu'aux hôtels du second ordre à Paris.

Je ne veux pas terminer ma lettre sans faire quelques réflexions sur les mœurs des habitans; car j'aime à comparer nos mœurs à celles des étrangers, et je vois avec une grande satisfaction, que si la belle France l'emporte sur tous les pays du monde, l'on peut affirmer que les Français, dans leurs

mœurs et dans leur caractère loyal et généreux, ont la même supériorité sur les habitans des autres pays. On me taxerait d'amour
national et de prédilection pour mes compatriotes que je n'en rougirais pas, car ils la méritent; j'ai rencontré bien des étrangers qui
ont été naïvement de mon avis; je n'entends
point dire que nous soyons parfaits, mais seulement que nous valons mieux que les autres.

Avant de te donner mes observations sur
ce sujet, je vais te décrire la route de Florence à Rome avec la plus grande exactitude,
et je finirai par ces réflexions.

J'ai quitté Florence en prenant la route
d'Aquapendente; on la dit assez sûre à présent; cependant à partir de Saint-Quirico,
ville située sur le sommet d'une montagne, le
peuple devient misérablement déguenillé; on
ne trouve plus cette aménité qui distingue les
Toscans, et surtout les Florentins; le pays est
d'un aspect affreux, les montagnes arides,
très élevées et difficiles à gravir. A Sienne encore les habitans sont assez aimables, mais
grands parleurs et d'une curiosité fatigante.

En sortant de Florence par la porte du
Poggio impériale, on voit sur les collines un

grand nombre de jolies maisons de campagne;
le pays est bien cultivé et n'est point désert;
cette route jusqu'à Sienne, quoique toujours
dans les montagnes, offre des sites agréables;
les vignes et les oliviers qui tapissent ces coteaux aux environs de Florence, forment un
coup-d'œil aussi réjouissant que rassurant.
Plus loin, les chemins deviennent rapides et
difficiles à gravir; les montagnes sont couvertes d'une espèce de sapins fort jolis; ils sont
droits et n'ont de branches que vers le sommet; cette construction et leur verdure les
rendent de loin semblables à des palmiers;
toutes ces forêts répandues sur les montagnes
des Apennins, qui environnent Florence de
ce côté, égayent un peu leur tristesse.

Après un jour de marche on arrive à Poggibonzi, bourg très médiocre, mais que je
n'oublierai de ma vie, à cause de deux singu-
liers spectacles qui, quoique d'un genre dif-
férent, frappèrent également mon esprit, et
pourront bien, je crois, t'intéresser; l'un peut
être instructif pour le voyageur, l'autre donnera de l'émulation pour les voyages.

Avant d'arriver à Poggibonzi, vers la
chute du jour, j'aperçus sur la route, à deux

cents pas de la voiture, neuf hommes, dont
huit marchaient ensemble, le neuvième paraissait les commander. Ces hommes étaient
armés de carabines : leur commandant avait
un long sabre à la main et une ceinture bien
garnie de pistolets; comme ils venaient à
nous en barrant le milieu de la route, je ne
tardai pas à voir distinctement les détails de
leur accoutrement; leurs vestes ou habits
courts n'étaient point uniformes pour la couleur, ainsi que les buffeteries de leurs giber-
nes; ils portaient sur la tête un mauvais chapeau rond noué sous le menton avec des
cordons noirs, et surmonté de deux ou trois
plumes rouges et vertes; enfin ce qui ne me
plut pas du tout, c'est que je ne leur vis pas
de cocarde. Une ample ceinture, chacun la
portant de couleur différente, et qui leur en-
tourait le corps, était garnie de plusieurs pistolets et d'un large poignard. Je ne suis point
d'un naturel timide, et j'avoue néanmoins que
je ne me sentis pas à mon aise à la vue de
cette escouade, qui me sembla beaucoup plus
que suspecte; je me crus même en si mauvaise
compagnie, que je dis à mon voiturier : «C'est
» là ce qui s'appelle faire naufrage au port,

» si près de notre gîte!... Ces brigands vont
» nous arrêter. » Le conducteur pâlissait ;
mais bientôt, en les considérant de plus près,
il se rassura un peu, et me dit : « Je crois que
» ce sont des sbires, » et en approchant il ré-
péta avec un air de satisfaction : « Oui, ce sont
» des sbires. » Ces sbires sont des milices à
pied, instituées pour tenir les routes plus sûres
et les nettoyer de voleurs ; cependant le costume de ces gens ne ressemble pas mal à celui
des brigands de nos mélodrames. « Cette fa-
» çon de gendarmerie, poursuivis - je, n'a
» pas un air qui puisse rassurer. — Ni l'air,
» ni le jeu, repartit le voiturier ; car souvent
» ils s'entendent avec les voleurs, en ne se
» trouvant pas à propos pour défendre les
» voyageurs, puis ils ont leur part au butin ;
» mais si près d'une ville ils n'oseraient pas, »
ajouta-t-il.

Il y a des voyageurs qui se servent de carabiniers pour accompagner leurs voitures,
parce que ce sont des gendarmes à cheval ; je
ne crois pas que ce soit une bonne manière de
voyager sûrement, car un ou deux carabiniers
ne peuvent pas tenir tête à dix, douze, et souvent un plus grand nombre d'hommes armés

de fusil et de pistolets; je crois même que
cette précaution attire les voleurs, car ils sup-
posent que vous avez quelque chose précieuse
ou beaucoup d'argent. J'ai donc mieux aimé
m'en fier à ma bonne étoile, avec les précautions suivantes dont le voiturier m'avait donné
avis; à savoir : « De ne jamais dire le jour et
l'heure du départ, ni le lieu où l'on va. »

Voici l'autre anecdote qui offre, je crois,
le héros de la curiosité. Il y a des gens chez
lesquels le désir de voir produit l'effet des passions les plus ardentes; lorsque je fus arrivé à
Poggibonzi, je trouvai à la même auberge où
je descendis une voiture de voyageurs. En
attendant le souper je me mis à considérer la
rue unique de ce bourg, j'aperçus avec surprise un homme qui s'efforçait de descendre
du cabriolet où se place le voiturier. Cet
homme avait les deux jambes si perclues qu'il
ne se soutenait qu'avec deux béquilles, s'appuyant à peine sur un seul pied, l'autre jambe
étant absolument paralysée; cet homme était
extrêmement difforme de visage, très petit
et bossu; enfin il semblait, à la façon dont il
se traînait, qu'il était entièrement disloqué;
je le vis néanmoins, au lieu d'entrer dans l'au-

berge, s'acheminer, pendant qu'il était encore
jour, vers une fontaine, l'examiner attentivement, puis se diriger vers une petite église,
en ressortir bientôt, et se traîner encore vers
un endroit où l'on aperçoit quelques débris
de colonnes qui ont dû former autrefois un
portique, enfin retourner à la voiture.

Lorsque nous fûmes à table, les voyageurs
s'entretinrent de ce singulier personnage, et
voici quel il est et les motifs de son voyage.
Cet homme, âgé de quarante-cinq ans, est un
tailleur de Paris, non pas de ces tailleurs du
grand ton qui ont acquis en coupant et ro-
gnant toute autre chose que des habits, je
m'imagine, des maisons magnifiques de ville
et de campagne et des équipages brillans, mais
de ces tailleurs en sous ordre qui, travaillant
jour et nuit, recueillent à peine de quoi sub-
sister; c'est à cette classe qu'appartenait ce
petit voyageur estropié et presqu'en lambeaux.
Il avait conçu un désir extrême de voir l'Italie; cette curiosité devint dans son esprit une
passion si violente, qu'il voulut la satisfaire
aux dépens de son repos et de son bien-être.
Il se priva de tout pendant dix années, et
amassa une très modique somme pour faire ce

voyage. Sa bourse était si peu fournie, que la
voiture même lui servait d'auberge : c'est là
qu'il passait les nuits, vivant de pain et ne bu-
vant que de l'eau; car s'il eût vécu autrement,
il lui eût été impossible d'effectuer son voyage.
Cet homme, sans être connaisseur dans les
arts, presque sans instruction, avait un esprit
naturel qui lui tenait lieu de science; il se rap-
pelait tout ce qu'il avait vu depuis Paris; com-
parait avec beaucoup de discernement la supériorité d'une ville sur une autre, la perfection des monumens, et les beaux sites qui
l'avaient frappé sur son passage; rien ne lui
échappait. Je regardai cet homme avec admiration et intérêt, où il se mêlait de la compassion à l'aspect de sa frêle structure; et si
son projet de voyager dans l'affreuse disloca-
tion où il se trouvait, sans ressources, et presque sans argent, me parut une folie, assurément l'exécution de ce projet tient de l'hé-
roïsme, malgré la témérité de l'entreprise.

Mais suivons notre route pour arriver à
Sienne. En sortant de Poggibonzi on entre
dans des montagnes très élevées; les chemins
sont rapides et dangereux; le pays est assez
aride et sans culture jusqu'à deux lieues de

Sienne, que l'on ne peut pas apercevoir, quoique cette ville soit bâtie sur le sommet d'une montagne, et en voici la raison : Sienne est une jolie ville bâtie dans le cratère d'un ancien volcan ; aussi elle est sujette à éprouver de fréquens tremblemens de terre, périodiquement vers les mois de septembre et octobre. La plupart des rues sont sur des terrains inégaux ; elles sont en talus très rapides ; il faut monter et descendre comme à l'échelle ; plusieurs ont des marches ou escaliers

La cathédrale a un aspect imposant ; plusieurs des piliers qui soutiennent la voûte de cette église ont été brisés et renversés par les secousses de tremblement de terre ; on les a réparés, mais les travaux qu'on y a faits depuis peu sont assez mal exécutés, et font ressortir la perfection du travail des premiers constructeurs. L'architecture est du genre gothique, mais d'une élégance et d'une perfection extrêmes ; cet édifice, quoique d'une vaste étendue, semble d'une légèreté aérienne.

L'église est pavée en mosaïques très précieuses. Dans la sacristie, peinte à fresque par Raphaël et autres artistes, on a placé au milieu, sur un piédestal que je crois moderne,

un groupe des trois Grâces, que l'on a trouvé
en creusant les fondations de cette église; ce
groupe est un ouvrage grec, de même que
l'un des bénitiers qui se trouve à droite en
entrant. Les statues des Grâces sont mutilées,
mais on reconnaît néanmoins toutes les perfections de l'ouvrage.

On y montre aussi environ une douzaine de
volumes énormes en parchemin, faits pour
les chants de l'église; ils ont été écrits à la
main par des moines; les caractères en sont
plus beaux, mieux formés et plus variés que
ceux de la plus belle imprimerie; il se trouve
aussi dans ces livres très anciens, et que l'on
n'ouvre plus qu'avec autorisation, des peintures à la plume qui sont de la plus rare perfection.

L'église est décorée de plusieurs bons tableaux et de fort belles statues en marbre,
entr'autres la Sainte-Marie-Madeleine et le
Saint-Jérome de Bernini.

Tous les environs de Sienne sont des campagnes charmantes, que l'on aperçoit des
hauteurs de la ville dans un horizon immense; la terre de ces campagnes est d'un
jaune vif, semblable à l'ocre dont on se sert

en peinture; une chose qui me frappa, c'est
que les troupes de pourceaux que l'on voit
paître çà et là dans les environs, sont de la
même couleur que le sol, à tel point que s'ils
se trouvent sur le chemin ou sur un terrain
sans culture, il est difficile de les apercevoir.
Dans tout le reste de l'Italie, cet animal, au
lieu d'être blanc, comme ordinairement il
est en France, est de couleur noire. Si je te
donne tous ces petits détails, qui peuvent paraître bien simples à un parisien environné
de toute la pompe et la magnificence de la
capitale, il faut penser que le voyageur n'a
point toutes ces brillantes distractions, et que
la moindre singularité attire ses regards, et
fait supporter à son esprit l'ennui d'un long
voyage que l'on fait pour ainsi dire pas à pas;
si je suis blâmé pour ces détails, ce ne sera
certainement pas par un voyageur.

Dans la ville, sur la grande place, est bâti
un collége assez vaste où les étrangers viennent étudier; car c'est à Sienne que l'on parle
le plus purement la langue italienne. Au milieu de cette vaste place se trouve un abreu-
voir en marbre blanc, sculpté en bas-relief
et orné de quelques débris de statues en mar-

bre : cet ouvrage est d'une grande antiquité.
Un autre monument, qui a été respecté par
le temps et qui peut attirer l'attention, c'est
une petite colonne sur le haut de laquelle on
voit une louve en bronze, et qui allaite deux
enfans; ce sont probablement Romulus et Re-
mus. Ce morceau de sculpture n'est remarquable que par les objets qu'il représente, et
nullement par la beauté du travail : il est
situé sur une petite place que traverse la principale rue de Sienne; cette rue est en partie
dallée en granit.

On entre dans Sienne par une belle porte
peinte à fresque; elle est construite en arc-
de-triomphe.

Quoique Sienne soit peu peuplée relative-
ment à son étendue, un voyageur ne s'aperçoit guère de son défaut de population, car
les habitans sont d'une si singulière curiosité
que lorsqu'une voiture arrive dans la ville,
tous les Siennois sont pour ainsi dire sur
pied ; ils vous considèrent; quelques-uns
cherchent à lier conversation avec une civilité qui, malgré son agrément, ne laisse pas
de vous sembler un peu à charge; et lorsque
les voitures quittent leur ville, ils s'arrêtent

dans les rues, formant une haie pour vous laisser passer et vous souhaiter un bon voyage. Assurément il ne faut pas s'en plaindre, et je trouve qu'après les Florentins, qui ont plus de réserve avec autant de politesse, ce sont les Siennois qui, avec un air gai et très ouvert, ont le plus d'aménité entre tous les peuples d'Italie; car ils sont doux et prévenans envers les étrangers, moins intéressés que partout ailleurs, et très empressés à vous rendre des services.

Après que l'on a quitté Sienne, les campagnes ne sont plus d'une grande fertilité, sans être néanmoins d'un aspect affreux comme le sont d'ordinaire les Apennins.

Au-delà de Buoncouvento, petit village où il faut coucher, l'on ne rencontre plus guère que des êtres grossiers et presque stupides, jusqu'à Montefiascone. L'on gravit pour arriver à Saint-Quirico, des montagnes arides, sauvages, sans habitans et sans culture : ici commencent les pays dont les voleurs se sont décidément emparés ; ceux que l'on parcourt jusqu'à Rome ne sont plus que des déserts. Entre Saint-Quirico et Poderina, il faut passer sur le pont extrêmement dangereux, construit en dos-d'âne, et élevé au-dessus du torrent hideux de l'Orcia.

Toutes les terres environnantes sont brûlées et en cendres; un volcan a dû exister en ces lieux. Je fis, sur ce pont, une rencontre qui n'était pas rassurante ; car pour mieux voir le pays, étant descendu de voiture, je faillis marcher sur un serpent dont le corps était d'une dimension énorme; heureusement je l'évitai. Il existe aussi dans ces endroits, sur ce sol crayeux, une espèce de gros lézard d'un vert éclatant, de la grosseur du bras, et long de deux et jusqu'à trois pieds, qui est plus hardi que le serpent; il ne fuit pas à votre approche, et si vous l'irritez, il vous poursuit avec fureur. Je ne sais si la morsure qu'il fait est dangereuse. J'en vis plusieurs qui me regardaient avec une assurance ressemblant à la menace.

Dans ce torrent de l'Orcia, qui offre les traces d'un horrible bouleversement de la nature, on recueille des pierres précieuses que l'on emploie à faire des mosaïques.

Après avoir passé la dangereuse et très mauvaise auberge isolée dite *la Scala*, le pays continue à être d'une aridité attristante;

de tous côtés on n'aperçoit que des montagnes entièrement nues; sur la droite on voit au loin la fumée des eaux sulfureuses de St.-Philippo. Jusqu'à Radicofani le pays est entièrement inculte et désert; la forteresse de Radicofani est bâtie, comme Sienne, dans le cratère d'un volcan : le fort est environné de monceaux de laves d'un jaune rouge, et d'énormes rochers calcinés, gisant çà et là, à diverses distances, et qui y ont été lancés jusqu'à une demi-lieue par les explosions du volcan. Ici la physionomie des habitans est sauvage comme les lieux; ils ont un regard farouche qui vous avertit de suivre votre route et d'arriver avant la fin du jour.

Auprès de la voiture que l'on avait arrêtée à Radicofani, pour laisser les chevaux s'abreuver à la fontaine, je vis deux enfans, l'un âgé de six à sept ans, l'autre d'environ quatorze ans; ce dernier frappait son jeune frère sur la tête et à coups redoublés pour le forcer à me demander la *carita* : je l'apostrophai en lui disant de ne point battre cet enfant : l'un des hommes qui se trouvaient non loin de là, s'avance tout-à-coup, et s'écriant *scelerato !* il donne un coup si violent à l'enfant qui avait frappé l'autre, qu'il le renverse sur la terre. J'avoue que je trouvai la correction aussi brutale que la faute commise. Sur le sommet élevé de cette montagne, l'air sulfureux et très vif que l'on respire, et l'ardeur cuisante du soleil, peuvent contribuer, autant que le naturel des habitans, à exalter leur esprit à un tel degré, que cette exaspération aille jusqu'à la fureur. J'engage les voyageurs à mettre beaucoup de calme dans les services qu'ils exigent des habitans.

On descend la montagne jusqu'au torrent fougueux de Rigo, qu'il faut traverser quatre fois à gué, à moins que l'on ne soit entraîné par le courant avant le dernier trajet. En ce moment on y construit des ponts qui ne sont pas encore praticables; enfin l'on descend par une route longue et d'une rapidité extrême, jusqu'à un hameau de deux maisons, appelé la Noël, où il faut coucher, car on est sur la frontière de la Romanie, et, comme je l'ai dit, il ne faut point s'y exposer le soir. On ne peut se faire une idée de la misère de cette auberge; cependant le bon accueil que l'on y reçoit vous tient lieu de souper, et je pourrais presque dire de lit.

19..

Le lendemain matin on se rassemble en caravane pour passer, la dernière fois, le gué du torrent de Rigo et arriver à la douane ; . de là on gravit une montagne pour entrer à la ville ou bourg d'Aquapendente, qui est située sur le sommet de ce mont élevé. Dans cette ville on ne voit que des paysans stupides qui n'ont ni politesse, ni prévenance ; ils s'occupent tous à labourer nonchalamment leurs coins de terre, c'est là leur seul genre d'occupation ; ils n'ont ni commerce, ni industrie pour les manufactures. Ces gens n'ont pas l'air misérable, mais ils sont d'une rusticité rebutante.

On suit la route, assez bien cultivée aux environs, jusqu'à Saint-Laurent-aux-Grottes, ainsi nommé à cause des nombreuses grottes ou cavernes pratiquées dans les rochers. On dit que ces grottes sont utiles pour offrir un abri aux voyageurs, ou serrer les instrumens aratoires. Cependant ces profondes cavernes n'ont pas un aspect rassurant dans un pays si désert, que l'on pourrait vous y arrêter en plein midi, sans que les voleurs eussent aucune crainte d'être troublés dans leur expédition. Et quoique l'on dise qu'il n'y en a pas beaucoup à présent, je n'ai pas laissé que de

voir, à plusieurs endroits, des bras et des
jambes pendus à des poteaux plantés près de
la route : ce sont les membres des brigands
que l'on y avait exécutés récemment ; l'on
commence à voir ces potences à partir de
Radicofani jusqu'à Montefiascone ; elles sont
à-peu-près dans la proportion d'un vingtième
avec les croix des voyageurs assassinés.

Le pape a ordonné d'abattre les forêts qui
avoisinent la route dans un espace de trente
lieues. Ces arbres, depuis le lac de Bolsène
jusqu'à Ronciglione et plus loin, sont cou-
chés pêle-mêle sur la terre ; leurs énormes
troncs à demi-brûlés, annoncent que pour y
apporter plus de célérité on y a mis le feu.
Les nombreuses croix plantées sur les fosses
des voyageurs qui y ont été assassinés, ne
sont nullement capables de rassurer les vi-
vans ; je ne sais s'il ne vaudrait pas mieux
laisser les passans dans l'ignorance, que de
les avertir, par un si triste spectacle, des dangers qu'ils courent eux-mêmes. J'ai compté
jusqu'à neuf de ces croix dans le court espace
de deux milles près du lac de Vico.

Au reste les sites que l'on découvre de St.-
Laurent et de Vico, autour de ces deux lacs,

sont admirables et très différens l'un de l'autre. En s'avançant vers l'extrémité méridionale du village de Saint-Laurent, bâti sur le haut d'une colline, au bas on découvre d'épais bocages, et plus loin la vaste étendue du lac de Bolsène, que l'on prendrait pour une mer : il a dix lieues de tour, et n'est borné à la vue que par l'horizon.

C'est à Saint-Laurent, l'un des plus beaux villages d'Italie, que l'on commence à voir les femmes porter sur leur tête une pièce de drap de laine rouge, et s'en couvrir comme d'un capuchon.

En descendant la colline au travers des bocages pour aller gagner les bords du lac de Bolsène, on laisse sur la droite le village désert et en ruines de l'ancien Saint-Laurent que les habitans nomment Saint-Laurent ruiné, parce que l'air y est si infect et si malsain, que l'on fut obligé de bâtir un nouveau village sur la hauteur et d'y transférer les habitans; les maladies pestilentielles faisaient périr une grande partie de la population. Il faut bien se garder d'aller visiter ces ruines, car, d'après l'avis que j'en avais reçu, ces débris servent de repaires aux brigands, et en outre aux serpens venimeux qui y sont en grand nombre; au reste, d'après ce que j'ai vu en passant, il n'y a rien de bien curieux.

En arrivant au lac, je vis à l'embranchement de la route un bras encore sanglant attaché à un poteau; ce qui est un avertissement de se hâter. Les voitures se font accompagner par des carabiniers; mais je négligeai cette précaution, me fiant à ma bonne fortune.

On gagne bientôt la ville de Bolsène, située sur les rives du lac; c'est l'ancienne capitale des Volsques: on y voit quelques traces d'antiquités, telles que des débris de colonnes en granit. Il faut ici prendre des chevaux de renfort à cause des voleurs, et parcourir au galop les trois lieues qui vous séparent de Montefiascone sans s'arrêter; au reste les postillons le savent si bien, que dès que ses deux chevaux furent attachés devant ceux du voiturin, il partit comme un trait sans vouloir écouter le conducteur, qui lui criait d'aller plus doucement pour ménager ses chevaux. Enfin l'on arrive à Montefiascone. A mi-chemin de Bolsène à Montefiascone on rencontre sur la route des baraques où se tiennent les carabiniers à pied, qui doivent au moindre bruit porter du secours aux voyageurs attaqués : ceux-ci ont un costume vert et uniforme ; ils campent sous des baraques en paille.

Montefiascone est renommé, comme Orviète qui n'est qu'à quelques lieues de distance, pour l'excellence de son vin blanc : c'est une boisson sucrée à laquelle on s'accoutume facilement, et qui bientôt devient fort agréable même en mangeant.

Ici, comme dans toute la Romanie, les femmes et les filles de la campagne ont l'habitude de porter tous les fardeaux sur leur tête avec une étonnante adresse. Un jour j'en observai un grand nombre qui puisaient de l'eau à une fontaine dans des vases de terre vulgairement appelés cruches à deux anses ; lorsque ces femmes les avaient remplis d'eau, elles formaient deux tours de leurs mouchoirs tortillés, qu'elles plaçaient sur le sommet de leur tête, puis elles y posaient l'extrémité inférieure de l'urne, dont la base est d'une très petite dimension ; après l'avoir assujettie, elles marchaient ainsi avec assurance sans retenir de la main le vase rempli d'eau ; cette urne s'élevait au-dessus de leur tête à plus de deux pieds, et je n'en vis pas une seule qui fît vaciller ce vase, contenant pour le moins un sceau d'eau : elles vont ainsi à des distances considérables, ce qui prouve qu'elles ont autant de force que d'adresse; en effet, la plupart joignent à de beaux traits et une belle carnation, une construction robuste sans avoir l'air hommasse.

La ville de Montefiascone est bâtie sur une haute colline et n'offre rien de très remarquable, si ce n'est le costume des femmes, qui portent sur leur tête une espèce de serviette damassée, bordée de franges, pliée en quatre, posée sur la tête carrément et surmontée d'une autre qui passe pardessus et pend par derrière. Les femmes et les filles ont beaucoup d'embonpoint, le teint frais et vermeil, la candeur sur le front; leur maintien respire la pudeur, la sérénité est dans leurs regards qui sont doux, mais pleins de feu; elles marchent par troupes et de front, presque toujours les yeux baissés, ce qui est loin de leur ôter de leurs charmes; on ne voit jamais d'hommes se mêler parmi elles; leurs joyaux sont des colliers de perles fines et d'or ou de corail, et des boucles d'oreilles assez bien travaillées, mais fort larges; leur taille est resserrée dans des corsets de laine rouge d'où descendent des robes blanches très amples.

Les femmes de ville qui veulent se distinguer de la classe des paysannes, au lieu de cette coiffure dont je viens de parler, portent un filet ou réseau où elles enveloppent leurs cheveux; ce réseau est attaché avec des rubans de la même couleur. Quant à l'habillement, qui est à-peu-près le même, elles ajoutent au-dessus des épaules de grandes rosettes de ruban, et laissent pendre jusqu'à la ceinture plusieurs bandes de ces rubans qui sont de diverses couleurs et qui voltigent au gré du vent; c'est ainsi qu'elles se trouvent parées.

En général les femmes de la Romanie ont de beaux traits, mais la taille et les épaules extrêmement épaisses; leurs formes sont plus robustes que gracieuses; cependant elles ont un air de santé qui n'est pas le moindre de leurs attraits. Les hommes portent le manteau comme dans toute l'Italie.

Jusqu'à Saint-Laurent les femmes ont sur la tête des chapeaux ronds en feutre comme les hommes; les plus recherchées y ajoutent un bouquet de plumes noires pour tout ornement; telle est la coiffure des femmes dans toute la Toscane.

On va de Montéfiascone à Viterbe par un assez beau chemin, quoiqu'en pente rapide; les terres des environs de ces deux villes sont un peu mieux cultivées.

Viterbe est une assez grande ville, mais l'aspect en est triste; elle est pavée et bâtie en laves volcaniques, car toutes les terres de ce côté sont comme brûlées par des volcans.

En traversant Viterbe, je m'arrêtai un instant pour voir la ville; mais ne trouvant rien de bien curieux, je demandai si l'on pouvait m'indiquer l'emplacement ou les débris du palais qui s'écroula et engloutit le pape Jean XXI, portugais de nation, homme très savant, et qui ne demeura sur la chaire de Saint-Pierre que moins d'un an. Cet accident funeste, arrivé en l'année 1277, termina son pontificat avec sa vie. Mais toutes mes perquisitions à cet égard furent inutiles; personne ne put me donner d'éclaircissemens, car les habitans de Viterbe paraissent plus occupés de la vie physique et matérielle que de ce qui peut servir à l'agrandir et à l'orner.

Le mont Cimino que l'on voit s'élever en

sortant de Viterbe, sur la gauche de la route qui mène à Ronciglione, quoique couvert d'arbres, n'est qu'un amas de laves et de rochers volcaniques.

On traverse une immense forêt de genêts, inculte et déserte, pour arriver au lac de Vico, qui offre un très agréable coup-d'œil de la plus haute élévation de la route; il a environ une lieue de circuit; on l'aperçoit au fond de la vallée; ses ondes sont calmes et présentent une surface unie comme un miroir qui resplendit au soleil; il est auprès d'une montagne en forme de pain de sucre, couverte d'arbres très verdoyans.

On arrive à Ronciglione, assez jolie petite ville; de là on va coucher à une auberge de Monterosi : il n'y a que quelques maisons qui forment ce village. Avant d'entrer à Monterosi, il faut aller voir un torrent de laves qui se trouve vers la droite, et dont on sent de la route l'odeur sulfureuse.

Sur le chemin de Monterosi à Rome, non loin de la Storta, hameau, on voit un tombeau vers la droite, que l'on dit être celui de Néron; il est à environ deux lieues de la ville. Toutes les plaines des environs de Rome

sont incultes et désertes, en quelques endroits inondées par des canaux que l'on ne
répare plus, et qui forment des marais si mal-
sains, que dans les grandes chaleurs on dit
que leurs exhalaisons causent des maladies af-
freuses dans Rome même, qui en est environnée de toutes parts.

Enfin arrivé à Rome par la voie Flaminienne, on entre par la porte du peuple,
Porta-del-Popolo : c'est la plus belle entrée de
cette ville. On passe le Tibre avant d'entrer
dans Rome par le pont où Constantin aperçut la croix dans les cieux, lorsqu'il alla com-
battre Maxence son rival à l'empire. Ce pont
s'appelle Ponte-Molle.

Ce qui étonne le plus est de voir cette capitale de l'Italie si peu peuplée; la ville a
quatre lieues de circuit; elle est bien bâtie,
claire, aérée, les rues larges et assez droites;
il n'y manque que plus d'habitans et de l'activité pour en faire une ville agréable.

A Rome, et même dans toute l'Italie, on
ne fait point usage des bains comme en
France; il faut les commander la veille. Les
baignoires en marbre blanc, dallées en mosaïque de fayence, sont extrêmement grandes.

Rome, quoique la capitale de l'Italie, n'est pas plus illuminée pendant la nuit que toutes les autres villes de cette contrée; dans les promenades nocturnes, on se sert de flambeaux ou torches, encore ce ne sont que les grands seigneurs qui les mettent en usage; autrement on ne voit de lumière qu'aux chapelles des madones. Il ne faut pas s'en prendre aux autorités si elles ne perfectionnent pas davantage ce qui tient au bien-être des habitans; car le peuple italien, bien loin de gémir sous le joug oppressif de l'esclavage, comme l'ont déclamé quelques personnes peu instruites, est au contraire très indocile; il est même si récalcitrant qu'il n'obéit que par crainte ou par force; les plus simples ordonnances de police pour le maintien de la propreté des rues, et autres menus détails, sont à peine écoutées et bientôt négligées, parce qu'il n'est pas possible au gouvernement de se faire obéir sur ces minuties d'administration intérieure, quoiqu'elles intéressent tous les habitans; enfin les Italiens sont si peu portés à la discipline, qu'ils répètent eux-mêmes cette phrase qui manifeste leur peu de soumission aux ordres supérieurs : « Les décrets

» rendus ne sont observés que *dalla sera*
» *alla mattina*, » c'est-à-dire qu'on ne s'y
conforme jamais; ce qui prouve que l'on ne
l'opprime en rien, non pas même pour son
bien-être. Ainsi le peuple Français, en obéis-
sant aux lois et aux ordonnances, se montre
beaucoup plus sage, puisqu'il en reconnaît la
nécessité en en recueillant les fruits.

Ma surprise ne fut pas moindre en voyant
tant de belles églises presque désertes : il est
vrai de dire qu'il y en a un trop grand nombre dans Rome pour la population actuelle ;
cependant les Italiens sont, je crois, plus su-
perstitieux que religieux. Il est singulier que
dans la ville capitale où réside le chef de l'É-
glise chrétienne, les habitans soient si peu
exacts à remplir leurs devoirs de religion.

Il n'y a point de chaises dans les églises ;
l'on entend les offices debout ou à genoux, à
moins que l'on ne fasse apporter un siége de
chez soi ; on ne voit que très peu de monde assister au service divin, et si l'on rencontre quelques personnes dans les églises, ce sont des
gens qui sont prosternés devant une madone
ou un christ en réputation d'exaucer les vœux
de ceux qui viennent y réciter des prières ;

c'est de ce genre de dévotion, ainsi que des pélerinages à Lorette, que se compose la piété du peuple italien. L'on rencontre sur les routes des troupes d'hommes et de femmes qui, à votre approche, s'écrient : *Santa-Maria !* Ils sont munis du bourdon ou bâton de pélerins, et vêtus d'une capote garnie de coquilles. Quelques-uns ont sur le cœur un énorme crucifix; un grand nombre marchent les pieds nus; mais rarement ces gens, hommes et femmes, font ces pélerinages par dévotion, car en général ce n'est pas pour leur compte qu'ils font ce voyage, mais pour celui des gens riches du pays : on loue à Rome des pélerins comme des voituriers.

En allant visiter l'Église de Saint-Paul, hors des murs de Rome, je me vis assailli par une troupe d'hommes qui demandaient à être choisis; mon guide m'avertit que c'étaient des paysans qui se proposaient pour pélerins. Cet usage dépeuple Rome et ses environs qui demeurent incultes, quoique très fertiles, car tous ces laboureurs gagnant leur vie à faire des pélerinages, ne s'occupent point des travaux de la campagne.

Puisque je parle d'un édifice qui est hors

des murs de Rome, je transmettrai à mes lecteurs un avertissement qui me fut donné par mon guide, et qui pourra aussi servir aux voyageurs : quelques jours après mon arrivée à Rome, l'ayant parcouru en tous sens, et connaissant bien la ville, je dis à mon guide, que fatigué de l'attirail d'une voiture, j'avais résolu d'aller me promener à pied dans la campagne des environs, et que j'irais aussi revoir quelques ruines qui se trouvent dans Rome. A cette déclaration, il s'écria avec feu, et comme dans une espèce de transport, que je devais bien me garder d'exécuter ce dessein; qu'il m'en conjurait à genoux. Comme je persistais, il m'assura avec serment que jamais on ne doit ainsi s'écarter sans être accompagné, à moins de se trouver plusieurs personnes ensemble ; que j'avais dû remarquer que les pélerins, gens du pays, ne marchaient que par troupes; encore arrivait-il quelquefois qu'ils étaient attaqués et massacrés. Il appuya ses prières de gestes si expressifs, de paroles si pressantes, et même de larmes, que je renonçai à mon projet, et il me fallut continuer à parcourir les environs de Rome avec l'attirail ordinaire, c'est-à-dire

une voiture, un cocher, un domestique, et
mon guide. Il paraît que les vagabonds qui,
sous l'apparence de mendians, ordinairement
costumés en pélerins, séjournent ou passent
dans Rome, se cachent pendant le jour dans
ces ruines inhabitées pour y surprendre les
imprudens. Quant à la campagne des environs, elle est si déserte qu'elle se trouve parfaitement à la disposition des voleurs; car on
ne voit aucun laboureur cultiver la terre et
l'ensemencer. Les marais clos de murs qui se
trouvent dans Rome, ou près des murailles
au dehors, suffisent pour fournir les légumes
et les fruits nécessaires à la consommation des
habitans.

Le pape offre des terres à ceux qui en veulent cultiver, mais la fainéantise est si fortement enracinée chez ces gens, qu'ils n'usent
en aucune façon de cette munificence du souverain pontife; peut-être aussi ne trouveraient-
ils pas à vendre leurs récoltes, à cause du petit nombre de consommateurs, car en général
les familles ne sont pas nombreuses.

Une autre raison de la petite population du
pays, c'est la dissolution des mœurs italiennes;
les familles ne se composent guère ordinaire-

ment que des père et mère, et d'un ou deux
enfans; cependant une femme italienne en se
mariant prend deux maris, et un homme
deux femmes. Ceci a besoin d'explication, la
voici : c'est que celui qu'une femme épouse
réellement, n'est que pour la convenance et
l'usage établi, et un autre amant, qu'elle
choisit pour son plaisir, la sert et ne la quitte
point. Le mari est exclu de l'appartement
de sa femme ; tandis que le sigisbé assiste à la
toilette la plus secrète de l'épouse infidèle; et
il ne faut pas croire que le mari s'en fâche et
en conçoive la moindre jalousie, c'est une
convention entre les parties ; et d'ailleurs lui-
même, de son côté, fait le même rôle auprès
d'une autre femme que joue son rival auprès
de la sienne. (Je n'ai pas besoin d'avertir que
cet usage est général, et qu'il y a des excep-
tions qui forment les bons ménages.) Cependant il en résulte de graves inconvéniens, le
mari étant obligé de travailler seul pour vivre;
car les femmes ne font absolument rien en Italie, à peine s'occupent-elles de leur ménage;
le mari, dis-je, se voit volé par sa femme, qui
veut entretenir son amant aux dépens de son
mari.

20..

S'il naît de ce mariage monstrueux quelqu'enfant, on peut dire qu'il est orphelin; car d'un côté, le père doute de la légitimité de sa naissance, s'il n'est même convaincu que ce ne soit pas son enfant; d'un autre côté, il est à charge à sa mère, qui ne peut fournir aux besoins de trois personnes par ses ruses; l'enfant qui se voit ainsi délaissé, est fort indifférent pour ses parens; et lorsqu'on fait au fils des reproches sur le peu d'attachement et de tendresse qu'il montre pour son père, il répond : « Mon père doute que je sois son fils, et moi je ne sais s'il est mon père. » Est-il possible alors qu'il existe une famille et des attachemens réciproques ? Les époux craignent plutôt d'avoir des enfans qu'ils ne font des vœux pour en avoir.

Les mœurs sont tellement relâchées que l'on n'ose pas sévir dans les cas prévus par les lois, tel que celui de la polygamie; ou bien l'on y met si peu de fermeté, que cette espèce de justice partiale ne fait qu'aggraver le mal au lieu de le guérir. Il existe, en ce moment à Rome, un homme qui avait épousé successivement trois femmes, de convention avec toutes les trois : on porta plainte, ils fu-

rent tous les quatre condamnés aux travaux
forcés; mais comme le mari avait de puis-
santes protections auprès des grands, il fut
bientôt remis en liberté avec l'une de ses
femmes; les deux autres restèrent détenues,
et le sont encore actuellement. Il me semble
que cela s'appelle faire un étrange abus des lois.

Enfin, pour dire toute la vérité, qui cependant est pénible à dire, puisqu'elle révolte
tous les cœurs braves et généreux, les assassi-
nats impunis détruisent une grande partie de
la population; si deux personnes se querellent,
elles ne vont pas, comme en France, savoir
dans la campagne des environs, avec des témoins de sang-froid, si le sujet de leur dé-
mêlé mérite de remettre leur sort au hasard
d'un duel, qui heureusement se termine souvent sans que mort s'ensuive, et surtout qui
est toujours suivi d'une réconciliation sincère.
Cette méthode, quoique contraire à la raison, est beaucoup moins meurtrière et plus
généreuse que celle employée par les Italiens;
car, dans ce pays, on dissimule son ressenti-
ment, on attend son homme, et si l'on peut
le surprendre, soit par une feinte réconciliation, soit par son défaut de précautions, et

que l'on puisse le prévenir, le coup de couteau est lancé, et l'on fuit sans que souvent personne ose vous arrêter.

Il s'en distribue ainsi un grand nombre en Italie, et surtout à Rome. Dans toutes les classes, entre les hommes et les femmes, aussi bien que d'homme à homme, et un si grand nombre, qu'à Rome on a été obligé d'instituer un hôpital spécial, dit la *Consolata*, pour recevoir et traiter les malheureuses victimes de cet usage aussi lâche que sanguinaire.

Si l'on dénonce l'assassin, et si l'on peut le faire saisir et mettre en jugement, il est condamné le plus souvent à la prison; mais s'il est protégé, on le retient quelque temps prisonnier, et ensuite il est remis en liberté sans que l'on ose même le regarder comme coupable. Et je conçois cette indulgence, car s'il fallait condamner à mort les assassins, ce serait double perte pour la population, tant il est difficile de parer à ce vice de mœurs.

Dans certains endroits, les fils ou parens vengent leur père ou leurs alliés par un nouvel assassinat, qui se perpétue ainsi de génération en génération. Tel est le désordre qui

règne en ce pays, où les vengeances particulières détruisent une partie des citoyens les
uns par les autres.

Sur cette manière de se défaire des gens
qui nuisent ou déplaisent, il y a même des
particularités que le respect dû aux autorités
me force à passer sous silence; il suffit de
dire que les *ville*, ou maisons de campagne
des environs de Rome, n'ont pas toujours été
des lieux de plaisance pour tout le monde.

Lorsque les armées françaises étaient en
Italie, on était parvenu, dans quelques endroits, à empêcher les Italiens de porter sur
eux une espèce de poignard ou couteau, appelé stylet, dont ils se servent pour commettre
le crime, et dont ils sont toujours pourvus ;
quelques femmes même en ont aussi qu'elles
cachent dans leur sein ; et même les enfans de
huit à dix ans s'accoutument à le porter et à
s'en servir avec adresse. Les hommes cachent
ce poignard sur le côté extérieur de la cuisse,
dans une espèce de gaîne qu'ils pratiquent
entre l'étoffe et la doublure.

Quoique l'on ait défendu encore récemment, sous les peines les plus sévères, de
porter cette arme de la perfidie, l'usage en

subsiste toujours, et il sera plus difficile de
détruire cette coutume en Italie, qu'il n'a été
d'empêcher les Francs ou Français de marcher toujours armés de leur épée.

Si l'on observe la physionomie, les manières des Italiens en général, on reconnaît dans
cette circonspection un air de méfiance les
uns des autres, un visage triste et réfléchi,
nul abandon ni civilité entr'eux; jamais de
ces rassemblemens où le peuple va danser et
se réjouir; les femmes vont d'un côté ensemble, et les hommes de l'autre; mais ils semblent s'observer sans cesse, se craindre et se
méfier les uns des autres. D'où peut naître
cette humeur, si ce n'est de l'appréhension de
l'arme perfide dont presque tous sont munis?
Voyez le Français : il est ouvert, enjoué et
même turbulent; mais il ne passe pas les bornes de la gaîté, et, surtout dans les lieux publics, il est sans aucune méfiance de son semblable; il se fie à son courage et à la générosité de tous ses concitoyens, qu'il connaît
assez braves pour ne le point surprendre et se
venger de lui en trahison; car surprendre son
ennemi est un triomphe pour un Italien, et
un déshonneur pour un Français. On se ras-

semble sans défiance et l'on est franchement gai ; aussi, parmi nous, la taciturnité, loin de passer pour une qualité, passe au contraire pour un défaut d'esprit ou un manque de cœur. C'est ainsi que souvent la chose qui semble avoir le moins d'importance, influe tellement sur le caractère de tout un peuple, qu'elle en détermine la physionomie particulière.

Pour finir, ma chère sœur, je t'avoue que tout satisfait que je suis d'admirer de si beaux monumens, je ne voudrais pas demeurer en ce pays; on n'aime l'Italie que par curiosité, et je doute qu'un Français puisse s'y plaire, et qu'il voulût changer Paris contre Rome. Il n'y a nulle comparaison à faire entre ces deux villes, ni entre les mœurs des habitans; je m'abstiendrai d'en faire le parallèle, car il serait trop favorable à mes compatriotes.

Je vais partir pour Venise par la route de Foligno et d'Ancône; je traverserai encore une fois toute l'Italie, et je ferai mon pélerinage à Lorette, quoique je sois persuadé, d'après les données que j'ai déjà sur cette dévotion, que l'on ne doit pas y attacher une grande importance; néanmoins il est bon de voir une ville où se rend un si grand nombre de pélerins.

Adieu; je t'assure qu'il me tarde bien de vous revoir et de venir respirer l'air suave du beau pays de France.

TON FRÈRE.

TABLE INDICATIVE.

TABLE INDICATIVE

Ve. LETTRE. — ROME.

A.

B.

D.

E.

21..

R.

S.

V.

FIN DE LA TABLE INDICATIVE.

TABLE ITINÉRAIRE.

TABLE ITINÉRAIRE

DES VILLES, BOURGS, VILLAGES ET HAMEAUX QUI SE RENCONTRENT SUR LA ROUTE DE FLORENCE A ROME PAR SIENNE.

FLORENCE............... Ville capitale de la Toscane.

MALA-VOLTA.......... Hameau.

TAVERNUZZA........... Hameau.

SAN-CASCIANO. .... Petite ville et relais.

TAVERNELLE........... Village et relais.

POGGIBONZI........... Bourg et relais.

CASTIGLIONCELLO....... Hameau et relais.

SIENA................ Ville et relais.

SAN-LAZARO.......... Hameau.

MONTARONI........... Hameau et relais.

PONTE D'ARBIA........ Hameau.

BUONCONVENTO......... Village et relais.

Ici se trouvent des chemins très rapides dans les montagnes jusqu'à San-Quirico; le pays est désert; on doit hâter sa marche et s'approvisionner de vivres jusqu'à Montefiascone.

TORRENIÉRI........... Hameau et relais.

La Poderina.......... Hameau et relais.

San-Quirico.......... Ville déplorable sur la
                           cime d'une montagne.

La Poste............. Relais sur la gauche.

La Scala............. Auberge isolée , mauvaise
                           et dangereuse.

Ricorsi............. Hameau et relais.

Forte Radicofani..... Fort dans le cratère d'un
                           volcan ; relais.

La Noel.............. Deux maisons ; auberge
                           pauvre, mais assez sûre.

Ici l'on traverse pour la dernière fois à gué le torrent fougueux de Rigo , et l'on quitte les états du
grand-duc de Toscane pour entrer dans la Romanie.

Ponte Centino........ Hameau et relais.

Aquapendente........ Ville peuplée de paysans;
                           relais.

Les Grottes.......... Cavernes dans les rochers.

San-Lorenzo-Nuovo..... Beau village , mais sans
                           vivres ; relais.

San-Lorenzo-Ruiné..... Ruines dangereuses.

Les Bocages de San-Lo- Forêts et broussailles, mau-
renzo-Ruiné.........   vais passage.

Ici l'on commence à côtoyer le beau lac de Bolsène
jusqu'à mi-chemin de Montefiascone.

Bolsena.............. Petite ville, ancienne capi-
                           tale des Volsques; relais.

A partir de Bolsena jusqu'à Montefiascone, il faut prendre des chevaux de poste et les mettre au galop à cause des voleurs.

Corps-de-garde des carabiniers à pied.	Baraques en bois et en paille.
Montefiascone........	Ville; l'auberge est sur la route. Relais.
Monte-Armilio.......	Hameau.
Viterbe.............	Ville et relais.
La Montagne de Viterbe.	Forêt de genêts.

Ici il faut hâter la marche jusqu'à Ronciglione.

Monte di Soriano......	Chemin rapide jusqu'au lac de Vico.
Lac de Vico..........	Vers la droite au bas de la montagne.
Osteria.............	Quelques maisons peu sûres pour les voyageurs.
Ronciglione	Jolie petite ville et relais.
Monterosi...........	Médiocre auberge; relais.
Sette-Vene..........	Hameau sur la gauche.

Ici l'on est dans la campagne de Rome, qui est déserte et inculte.

Bacano.............	Hameau et relais.

La Storta.............. Trois maisons; auberge et
                        relais.

Roma................ Ville capitale.

On compte de Florence à Rome, par cette route
de Sienne, 69 lieues.

De Paris à Rome, 327 lieues.

FIN DE LA TABLE ITINÉRAIRE.

VENISE.

LETTRES
A MA SŒUR

PENDANT

MON VOYAGE EN ITALIE.

•••

LETTRE SIXIÈME.

Venise, 11 Mai 1822.

Aprés dix-sept jours de marche, me voici, ma chère sœur, dans cette ville de Venise, cette reine des flots. Le chemin de Rome à Venise, en traversant l'Italie jusqu'à Ancône, et remontant la mer Adriatique, est long à la vérité, mais il est presque toujours agréable et fort intéressant; la variété des objets qui s'offrent aux regards, ne laisse pas un instant pour s'ennuyer.

Je vais te conduire, en esprit, de Rome à

Venise, et te rapporter exactement tout ce
qu'il y a de plus curieux, que j'ai observé
moi-même. J'ai repris la même route que
pour arriver à Rome, jusque passé Monterosi; un peu plus haut on quitte la route
d'Aquapendente en tournant sur la droite; ce
chemin conduit à Lorette.

D'abord j'ai été coucher à Civita-Castella-
na, que l'on dit être l'ancienne ville de Veïes
qui fut si opiniâtre contre les Romains. Cette
cité n'est plus qu'un village fort humide et
d'une misère extrême; on y remarque quelques
débris de palais, mais je doute qu'ils aient une
grande antiquité, et ces curiosités, d'un faible
intérêt, ne sont guère capables de vous conso-
ler des désagrémens d'un si mauvais gîte.

La campagne est déserte et inculte jusqu'à
ce que l'on ait passé le Tibre sur un beau
pont que l'on rencontre avant d'arriver à
Borghetto; alors on entre dans l'Ombrie : cette
province déploie aux regards une belle culture, qui réjouit l'âme attristée par les solitudes des campagnes de Rome; cette partie des
états de l'Église, que l'on nomme le patri-
moine de Saint Pierre, est entièrement inculte et presqu'inhabitée.

Depuis l'Ombrie, l'industrie des habitans pour le labourage ne cesse plus jusqu'à Venise; car l'Ombrie, la marche d'Ancône et le duché d'Urbain, ensuite la Lombardie, sont admirables sous ce rapport.

A partir d'Otricoli, on rencontre des montagnes d'un aspect extraordinaire par leur configuration; on passe sur un pont, au-dessous duquel est un précipice immense, dont le fond est un torrent appelé la Triglia. Les montagnes sont verdoyantes et d'une fraîcheur qui réjouit l'esprit, malgré la position où l'on se trouve; car on est suspendu pendant un assez long chemin sur cet abîme.

On passe à Narni; cette ville est bâtie sur le penchant d'une haute colline; on aperçoit toujours le torrent, et l'on voit avec étonnement de jolies petites maisons adossées ou pratiquées dans les flancs de la montagne, et taillées dans le roc. On montre une antiquité romaine du temps d'Auguste; ce sont les débris d'un pont magnifique, dont l'arche du milieu a quatre-vingt-cinq pieds d'étendue; il a été construit en pierre, ce qui est une chose rare pour un édifice romain, et ce qui me ferait même douter de son antiquité.

On m'a montré un petit endroit non loin de Narni, que l'on appelle Cosi; ce petit hameau, qui est bâti au pied d'un rocher, semble devoir être écrasé incessamment par sa chute, car il pend absolument sur les maisons; il y a dans ce rocher une énorme fente d'où s'échappe un vent glacial; ce que les habitans nomment *bocche di vento*, c'est-à-dire bouche du vent.

Vers la gauche on aperçoit une montagne, sur la crête de laquelle, avant d'arriver à Narni, se distingue une ville assez bien bâtie, mais les habitans l'ont abandonnée dernièrement à cause des secousses de tremblemens de terre qui s'y font ressentir; ils se sont réfugiés tous à Narni, qui avait bon besoin de ce surcroît d'habitans pour ne pas être presque entièrement déserte.

Après quelques heures on entre dans la belle vallée qui environne Terni; cette fertile vallée est plantée d'oliviers, de vignes, de mûriers et de toutes sortes d'arbres aussi agréables à la vue qu'utiles par leurs excellentes productions.

Terni est assez peuplée à cause du passage des voyageurs; l'auberge de la poste est réputée; quant aux curiosités, elles se bornent à quelques débris de murailles, que l'on dit être des restes d'édifices romains. La ville est assez longue à parcourir; il faut passer plusieurs portes pour en sortir du côté des montagnes; elle est arrosée par une branche de la rivière appelée Néra.

A deux lieues environ de Terni, on jouit d'un spectacle magnifique, celui de la belle cascade à triple chute du torrent nommé Vélino, qui se précipite, comme une avalanche de neige, dans la Néra; on entend le bruit de sa chute à une grande distance; une partie des eaux remonte en vapeurs jusqu'au haut de la cascade, qui a bien au moins, à vue d'œil, plus de quatre cents pieds d'élévation; à la dernière chute l'onde tournoie en fureur, et conserve la blancheur de son écume longtemps encore en suivant le cours de la Néra. On nomme cette magnifique cascade *delle marmora*, ou des marbres.

En sortant de Terni, on traverse des bois d'oliviers dont le feuillage et l'écorce, d'un gris blanc, ont quelque chose de triste; mais bientôt les pins et les chênes qui sont sur les montagnes verdoyantes que l'on voit s'élever sur la droite, produisent un contraste frappant par leur sombre et vigoureuse végétation. Il faut ici gravir une des plus hautes montagnes qui soient dans les Apennins, que l'on appelle *la Somma*.

Du côté de Terni et aux environs, on a grand soin des bœufs, qui sont plus employés en ce pays que ne le sont les chevaux, parce que le terrain est montagneux ; ces animaux sont très bien pansés ; on les étrille, on les brosse, et ils sont ferrés de manière à rendre leurs ongles capables de résister à la fatigue et à de longues marches. Leur parure n'est pas même négligée ; car j'en vis plusieurs dont les cornes étaient ornées de rubans et de faveurs, et entr'autres un jeune taureau, conduit en laisse par une petite fille ; ce puissant et vigoureux animal avait le front paré d'une couronne de bleuets, et des faveurs de toutes couleurs voltigeaient autour de ses cornes : cette scène fixa mon attention ; l'image de la force domptée par la faiblesse innocente, m'offrit un tableau qui ne me parut pas indigne d'exercer les pinceaux d'un peintre spirituel et habile. Ces animaux sont d'une extrême douceur ; car comme l'on est toujours autour d'eux, on les flatte sans cesse, et ils se plaisent beaucoup à recevoir des caresses.

Au moment de prendre des bœufs de renfort pour aider les chevaux, je vis une jeune femme qui, d'un air aimable et riant, m'offrit du lait dans une *fiasque* ou bouteille d'osier. L'ayant accepté, je fus surpris de voir que ce lait avait une couleur presque verte ; mais mon étonnement s'accrut encore lorsque portant mon verre à ma bouche, en le goûtant il me sembla, contre l'ordinaire de cette liqueur, si amer, que véritablement je ne pus l'avaler que par complaisance et pour ne pas désobliger l'agréable laitière. Je pense que les herbages que paissent les troupeaux sur cette montagne donnent cette âcreté à leur lait.

En descendant cette vaste montagne, on arrive à Spolète par une longue galerie de murailles où le soleil se fait ressentir avec une force presque insupportable. Cette ville est antique, mais fort petite et peu peuplée. On montre encore la porte d'Annibal, qui vint après sa victoire de Trasimène pour s'en emparer sans y réussir. Il faut qu'elle ait bien changé depuis, car aujourd'hui elle ne résisterait pas à une compagnie de voltigeurs.

Quelques restes d'antiquités romaines, assez remarquables, s'y rencontrent encore, mais ce ne sont que des débris informes. Quant aux églises, lorsqu'on a vu celles de Rome il ne faut plus parler de magnificence.

En sortant de Spolète pour se rendre à Foligno, on côtoye une assez haute montatagne couverte d'une sombre et triste verdure, qui n'est pas d'un effet désagréable, car bientôt on se trouve dans une vallée charmante avant d'arriver à Foligno. Les vignes en festons couronnent les ormes, et les troupeaux paissent çà et là une verdure émaillée de fleurs dont la terre est parsemée. Cette petite plaine riante et ombragée vous conduit à Foligno.

La ville de Foligno, sans être belle, est assez bruyante; c'est un passage très fréquenté; on dit que le commerce y est assez considérable.

Tous les environs de la ville offrent des sites qui, sans avoir un horizon fort étendu, sont néanmoins très agréables et rians; mais il faut bientôt, en sortant de Foligno pour aller à Macerata, s'armer de courage. Il est difficile d'exprimer l'horreur que l'on ressent à l'aspect des montagnes arides et dépouillées des Apennins en cet endroit, qui est de la longueur de dix lieues environ. La misère des habitans et la profondeur des précipices ne font qu'accroître l'effroi qu'on éprouve en cet affligeant séjour.

A quelques heures de Foligno, on rencontre une vallée qui est d'un aspect tout-à-fait stérile et sauvage, entièrement dépouillée de verdure dans toute la hauteur des montées. Cependant de petites maisons pratiquées sur les flancs de la montagne, jouissent de plusieurs jolies cascades, que l'industrie des habitans a fait passer dans des petits jardins artificiels, et qui forment un courant perpétuel d'eau naturelle qui égaye un peu la tristesse de ces lieux incultes et arides.

La route continue à être suspendue sur le précipice. Une immense plaine dépouillée, sans aucune espèce de culture, s'offrit à mes regards vers le haut de cette montagne. La seule verdure que l'on aperçoive au loin, est celle des roseaux de quelques marais épars dans cette triste plaine. Le terrain est rougeâtre, graveleux ou sablonneux, et frappé d'une stérilité complète.

On traverse le village de Case-Nuove, dont l'aspect est celui de la misère la plus profonde; on entre dans des défilés dangereux pour arriver à Serravale, à qui on donne le nom de bourg; c'est un séjour bien affreux; heureusement on ne s'y arrête pas; au contraire, il faut se hâter de passer, car il n'y a la place que pour une seule voiture entre les deux flancs des montagnes; ainsi lorsque deux voitures s'y rencontrent à l'opposite l'une de l'autre, il faut de nécessité que l'une des deux recule hors du défilé, et cette opération peut vous arrêter quatre ou cinq heures dans le temps des neiges, outre le danger que l'on peut courir d'être engloutis sous les avalanches qui tapissent les vastes flancs des deux montagnes.

La misère des habitans de Serravale n'est pas, je crois, moindre que celle de ceux du village de Casa-Nuove; hommes et femmes ont une mine farouche qui ne promet pas un grand agrément à ceux qui ont le malheur d'être obligés de s'y arrêter; et quoiqu'il ne faille pas juger les gens sur la mine, je conseille très fortement aux voyageurs de n'y passer ni après le coucher ni avant le lever du soleil.

C'est ici que l'on sort de l'Ombrie pour
entrer dans la marche d'Ancône. Le pays
devient plus fertile et plus riant à mesure que
l'on avance vers Tolentino, assez jolie ville
qui est située sur une rivière appelée Chienti ;
les eaux en sont blanches et savonneuses ; elles
coulent avec la rapidité d'une écluse dans
plusieurs endroits. Des haies d'aubépines et
de chèvre-feuilles embaument l'air en cer-
taines parties de la route, jusqu'à Macerata.
Tolentino possède une belle place et des
maisons assez régulières. Des femmes avec
des paniers sur leur tête s'empressèrent de
m'offrir des raisins et des oranges. Les grap-
pes de ces raisins étaient longues d'un pied ;
les grains presqu'aussi frais que s'ils venaient
d'être cueillis, et de la grosseur d'une petite
noix. Les Italiens ont le secret de le conserver
ainsi toute l'année, et dans toutes les auberges on vous en offre pour dessert en tous
temps. La peau de ces raisins est très épaisse,
et le goût n'a pas la délicatesse du raisin de
France, et surtout du Fontainebleau.

Les vins d'Italie sont presque tous épais,
noirs et sucrés ou très âpres ; ils nomment le
premier *dolce* et le second *brusco ;* je n'ai

jamais pu m'accoutumer à celui qu'ils quali-
fient de *dolce* ou doux, parce qu'il est trop
mielleux; j'ai toujours préféré le brusque ou
âpre. Ces vins ne peuvent pas se conserver
long-temps et ne supportent pas la mer.

Toute la campagne jusqu'à Lorette est admirablement bien cultivée. Partout on aperçoit des quinconces d'ormes ou de mûriers
qui soutiennent les vignes et se déployent en
festons de verdure; au-dessous, la terre est
couverte de grains de toute espèce.

Enfin l'on arrive à Macerata, ville considérable et bien peuplée, située sur le sommet
d'une colline élevée, d'où l'on découvre dans
un temps clair et serein les eaux de la mer
Adriatique. La porte, en arc de triomphe, est
d'une belle architecture; les rues sont larges
et bien pavées.

En quittant Macerata on descend dans
une plaine d'une fertilité merveilleuse; la
route est droite et unie; bientôt on gravit la
montagne au haut de laquelle est située Recanati; du sommet de la montagne on voit de
toutes parts, à un horizon immense, la campagne admirable et parfaitement bien cultivée, couverte de froment, de maïs et de mû-

riers qui soutiennent les vignes dont les ra-
maux verdoyans s'élèvent en couronnes, ou
s'abaissent jusqu'à terre en berceau. La terre
y est forte et propre à rendre toutes ces précieuses productions.

Sortant de Recanati, petite ville qui n'a de
remarquable que sa position, on redescend la
montagne pour se rendre à Lorette; c'est à
partir de Recanati que l'on commence à être
assailli par des troupes de mendians et d'enfans des deux sexes, jusqu'à Lorette.

Notre-Dame-de-Lorette est célèbre par le
nombre des pélerins qui s'y rendaient de tous
les points du monde chrétien. L'église de
cette petite ville est fort belle, et égale en
magnificence les plus somptueuses de Rome,
après la basilique de Saint-Pierre. Les portes
en bronze, sur lesquelles sont sculptés en
demi-ronde bosse des passages historiques
de l'Ancien et du Nouveau-Testament, sont
des ouvrages admirables. Elles sont au nombre de trois : celle du milieu, qui est la plus
grande, représente différens traits de l'Écri-
ture sainte; une allégorie de l'église et du
monstre des hérésies; Adam et Ève chassés
du Paradis; le monstre des hérésies écumant

de rage à l'aspect de l'église triomphante ; et toute l'histoire de la Genèse.

Il y a au-dessus de cette porte magnifique une madone tenant l'Enfant-Jésus dans ses bras : elle est de Lombardi.

La porte du côté droit, isolée de la grande porte du milieu, représente aussi en relief différens traits de l'Ancien-Testament : le sacrifice d'Abraham, le passage de la mer Rouge, la manne dans le désert, Rebecca abreuvant les chameaux d'Éliézer, le triomphe de Joseph en Égypte, Judith tranchant la tête d'Holopherne, Moïse tirant de l'eau du rocher.

Du côté gauche une autre porte également en bronze, sculptée de même que les précédentes, offre aux regards les sacrifices d'Abel et de Caïn, celui de Noë après le déluge, David dansant devant l'arche, Osa puni de mort pour avoir touché l'arche sainte, Dieu apparaissant à Moïse au buisson ardent, la mort d'Abel, l'échelle de Jacob, le temple de Salomon, le serpent de bronze de Moïse, Assuérus accordant à Esther le pardon des Juifs ; les deux portes latérales représentent encore, dans des médaillons, divers traits de l'Évangile, tels que Jésus-Christ chassant les marchands du temple, et l'entrée de Jésus-Christ dans Jérusalem.

Dans l'intérieur de l'église, au milieu de ce somptueux édifice, est placée la Santa-Casa ou Sainte-Maison ; l'église a été bâtie autour pour renfermer cette Sainte-Maison, que l'on assure être celle que la Vierge habita à Nazareth, et que saint Louis, roi de France, avait été visiter après sa captivité en 1252 : fondant en larmes, il y était entré les pieds nus, y avait fait célébrer une messe, à laquelle il avait communié dévotement ; c'est la même maison ou chambre de la Vierge que l'on dit avoir été transportée de Nazareth au lieu où elle se trouve à présent, par un miracle.

L'église qui l'environne est d'un beau dessin, assez vaste et magnifiquement décorée ; un dôme que l'on dit être couvert de deux cent trente mille livres de plomb, s'élève au milieu de l'édifice au-dessus de la Sainte-Maison. Ce dôme est soutenu par douze énormes pilastres ; les peintures qui en font l'ornement sont de Pomeranci.

La façade toute en marbre offre des sculptures magnifiques, ouvrages de Lactance

Ventura. L'intérieur de l'église répond à l'extérieur par sa somptuosité.

La Santa-Casa qui est, comme je l'ai déjà dit, au milieu de l'église, est environnée de murs en marbre sculpté dont les bas-reliefs passent pour des chefs-d'œuvre.

Les murs de la Sainte-Maison sont de la hauteur de treize à quatorze pieds, leur épaisseur de plus d'un pied, leur longueur interne de trente pieds. L'ancienne porte, qui est fermée à présent (car on y entre par quatre portes pratiquées sur les quatre côtés), est surmontée d'une poutre d'un bois que l'on dit incorruptible. Les parois sont noircies par la fumée et semblent avoir une grande vétusté. Le foyer ou la cheminée, que l'on appelle *camino* en italien, est de la hauteur de quatre pieds, large de deux pieds et demi, et profond d'un demi-pied. Je vis plusieurs pélerins s'enfoncer à genoux dans cette cheminée et y faire leurs prières.

Au-dessus de la cheminée, dans la niche qui est maintenant couverte en drap d'or, on voit la statue de la Vierge ; elle est en bois de cèdre ; c'est une des plus anciennes statues qui aient été révérées dans l'église catholique ;

on y remarque aussi un crucifix dont l'antiquité n'est pas moins respectable.

La statue de la Vierge est d'une richesse éblouissante; c'est celle qui attire tous les regards des pélerins, et véritablement elle est d'une magnificence incomparable. Elle est de la hauteur de deux pieds huit pouces; celle de l'Enfant-Jésus qu'elle porte dans ses bras a un pied deux pouces. Sur la tête de la Vierge on voit briller une couronne d'or enrichie des plus beaux diamans, d'émeraudes et de perles orientales; sur son sein éclate une croix de saphir ornée de diamans.

La tête de l'Enfant-Jésus porte aussi une couronne d'or ornée de diamans, de perles et de pierres précieuses : c'est le pape Pie VII, actuellement sur le trône pontifical, qui en a fait présent à l'église. L'Enfant-Jésus porte à l'un des doigts une bague éblouissante; c'est un diamant solitaire d'une grosseur et d'un prix inestimables : il couvre presque la main de l'Enfant. L'habillement où plutôt l'espèce de gaîne où est enchâssée la statue de la Vierge, est en or dont la ciselure est d'un travail exquis; on y voit quelques bijoux précieux offerts par la dévotion de plusieurs per sonnes pieuses. Parmi ces bijoux se trouve une grosse perle où l'on distingue l'image de la Vierge assise sur un nuage, avec l'Enfant-Jésus dans ses bras; la perle est d'une seule pièce; elle se trouva ainsi gravée par la nature. Cette perle est attachée par trois chaines d'or; elle est accompagnée de cinq autres perles plus petites.

Des lampes en or, perpétuellement allumées, brûlent dans cette enceinte, où l'on fait le sacrifice divin sans interruption. Cette Santa-Casa est environnée, comme je l'ai dit, d'une magnifique muraille en marbre de Carrare, ornée de bas-reliefs; la longueur de cette muraille est de quarante pieds; elle en a trente de large, et plus de trente pieds de haut; les dessins d'architecture sont de Bramante et l'exécution de Contucci. On commença cet ouvrage sous le pape Léon X; une grande quantité de bas-reliefs retracent les principaux événemens de l'histoire de la sainte Vierge.

Je fus assez surpris de voir représentées avec les images de Moïse, d'Ezéchiel, d'Isaïe, de Daniel et autres prophètes, celles des sibylles de Samos et de Cumes, de Delphes, de Lybie et d'Erytrée, etc., etc.; ce mélange du profane avec le sacré ne m'a semblé ni facile à expliquer, ni même, j'ose le dire, fort raisonnable ni édifiant.

Une pièce assez singulière et très remarquable dans la Sainte-Maison, du côté de l'épître, c'est un boulet de canon suspendu au-dessus de l'autel : on dit que ce boulet fut offert par Jules II, parce que, dans une guerre qu'il faisait à Bentivogli de Bologne, la tente où était son état-major reçut ce boulet sans qu'il fît nul dommage, ni qu'il blessât personne; il attribua ce fait à la protection de la Vierge, et il en fit présent à l'église de Notre-Dame-de-Lorette.

De l'autre côté de l'autel est aussi suspendue une grosse pierre enchâssée dans de l'argent : c'est un *ex-voto* des moinesses de la ville de Prague, qui, par l'intercession de la Sainte-Vierge, obtinrent qu'un incendie qui dévorait leur monastère fût subitement éteint.

Une particularité qui ne laisse pas de faire impression sur l'esprit des personnes les moins crédules, c'est la manière dont est placée sur la terre la Santa-Casa : cette Sainte-Maison ne porte absolument que sur un terrain mouvant, sans nulles fondations, et les murs en pierre, et non pas en briques, comme tout est bâti en Italie, sont séparés de plus d'un pied de la nouvelle muraille en marbre de Carrare, qui en forme l'enceinte et l'ornement. Cette position s'accorde parfaitement avec le récit que l'on fait de sa miraculeuse translation, puisqu'elle semble avoir été déposée sur la terre.

Dans l'une des chapelles de l'église, on voit sur l'autel le beau tableau de la Nativité de la Vierge : il est en mosaïque. Ce tableau ne le cède pas à ceux que l'on admire à Saint-Pierre-de-Rome sur chacun des autels.

Aux voûtes, qui sont en stuc, les fresques représentent l'histoire de la passion du Sauveur. Il y a dans cette église beaucoup d'autres tableaux, tant en peinture qu'en mosaïque; ils sont la plupart d'une admirable exécution.

Quant à ce qui regarde la réalité de la translation de cette maison de la Vierge, de Nazareth en Dalmatie, et de Dalmatie à Récanati, et enfin de Récanati à Lorette, lieu de sa résidence actuelle, on en rapporte des choses si étrangement merveilleuses que je m'abstiendrai de les dire, dans la crainte que l'on ne veuille pas ajouter foi à mon récit. J'avoue qu'il faut avoir une intrépide confiance dans la tradition orale, pour croire le miraculeux enlèvement de cette maison, et j'espère que l'on peut être sauvé sans y accorder sa croyance, car cet événement n'a aucun rapport avec les mystères et les vérités brillantes et profondément significatives du christianisme; enfin je ne vois guère, dans cette merveilleuse translation, qu'un intérêt bien mince pour la gloire de Dieu et le bonheur du genre humain, à moins que l'on ne veuille donner croyance aux miracles que l'on dit avoir été opérés dans la Sainte-Maison : tels que la conversion des juifs et des hérétiques qui y furent soudainement illuminés et se rangèrent sous les drapeaux de la foi; les énergumènes délivrés, les estropiés redressés, les aveugles éclairés, les malades guéris, et ceux qui vivaient dans le désordre et l'incrédulité convertis. Ce sont de ces choses qu'il faut avoir expérimentées pour en être absolument convaincu.

Cependant si l'on considère les faveurs et les indulgences accordées par presque tous les papes, depuis la fondation de ce sanctuaire,

23..

à l'église de Notre-Dame-de-Lorette, on sera forcé d'avouer qu'on y a reconnu quelque chose d'extraordinaire et de vénérable.

La richesse du trésor et la qualité des personnes qui ont fait des dons à cette église, donnent aussi beaucoup à réfléchir : en voici quelques-uns des principaux, et la France y a plus contribué que toutes les autres couronnes de l'Europe.

On y remarque d'abord une lampe en argent, qui fut donnée par Catherine de Médicis, reine de France.

Un vase de saphir enrichi de pierreries, surmonté d'un ange tenant un lis en pierres précieuses, donné par Henri III, roi de France.

Le portrait de Marie de Médicis, enrichi de diamans, donné par cette reine.

Deux anges en argent, portant chacun un cierge, offerts par le duc d'Épernon.

Une lampe et un navire en argent, donnés par la ville de Paris.

Deux lampes en argent du duc de Joyeuse.

Un cœur et deux cadres en argent, où l'on a écrit en latin et en français la consécration que faisaient de leurs personnes les peuples du Canada à Notre-Dame-de-Lorette, en l'année 1684.

Un livre garni en pierres précieuses, de Henriette, reine d'Angleterre.

Deux couronnes en or, chargées de diamans et d'autres pierres précieuses, données par la mère de Louis XIV.

Un enfant en or, représentant Louis XIV, porté par un ange en argent qui pèse sept cent marcs, et l'enfant quarante-huit marcs.

Un cœur en or, embelli de pierres précieuses, donné par une duchesse de Savoie.

Le château de Vincennes en argent, donné par le prince de Conti, frère du grand Condé.

Une statue d'argent de la Vierge, présent d'un monastère de religieuses de Paris.

Le grand Condé à genoux, statue en argent offerte par ce prince.

Un tableau d'argent, de Louis de Bourbon, duc de Montpensier.

Un tableau en argent de la citadelle de Tournon.

Une lampe en argent du duc de Créqui.

Une autre lampe en argent donnée par un maréchal de France.

Une statue en argent d'un conseiller au parlement de Paris.

Un grand nombre de tableaux, de calices, et de cœurs en or, donnés par diverses villes de France.

Enfin, la maison de Napoléon Buonaparte a aussi offert ses dons à Notre-Dame-de-Lorette. Murat, qui fut roi de Naples, donna un calice d'or enrichi de diamans; autre calice d'or offert par le prince Eugène, alors vice-roi d'Italie; un encensoir et une navette en or, donnés par la femme du vice-roi.

Un grand ostensoir en argent garni en émeraudes et grenats, présent de la femme de Joseph Napoléon Buonaparte qui fut quelque temps roi d'Espagne; enfin plusieurs statues, burettes en cristal de roche, offertes par des grands d'Espagne.

Tels sont les présens les plus remarquables des personnes de distinction qui ont manifesté leur dévotion au sanctuaire de Notre-Dame-de-Lorette.

Enfin, en laissant de côté le miraculeux pour ne considérer que l'église en elle-même, on peut dire qu'après Saint-Pierre-de-Rome c'est une des plus belles d'Italie. L'affluence des pélerins qui y sont venus de toute la chrétienté y a été si considérable, que les dalles en marbre blanc qui pavent cette église, sont usées et creusées, depuis la porte d'entrée de l'église jusqu'à la Sainte-Maison; car lorsque les pélerins arrivent, à partir de la porte de l'église jusqu'au sanctuaire de la Maison-Sainte ils cheminent sur les genoux; on doit donc penser qu'une innombrable quantité de pélerins ont dû passer par cet endroit, pour sillonner ainsi avec les genoux une pierre aussi dure qu'est le marbre.

Il n'y a que cet édifice dans la ville de Lorette, qui d'ailleurs offre l'aspect de la misère : il existe une grande malpropreté dans les maisons, et les rues infectent l'air de toutes parts; une foule de mendians ne vous laisse aucun repos; la rue principale est remplie de petites boutiques où l'on vend des chapelets, des fleurs artificielles, des crécelles et des tambours de basque, que les marchands vous forcent pour ainsi dire à acheter par leurs importunités, afin d'honorer, selon eux, Notre-Dame-de-Lorette.

L'habit que portent les ecclésiastiques est violet et très distinct de celui du clergé des autres villes d'Italie : ils ont à ce qu'il paraît de grands priviléges.

Enfin, pour en sortir, car je vois qu'il m'est aussi difficile de terminer ma description qu'il l'est aux voyageurs de percer la foule des mendians pour se sauver ; pour sortir, dis-je, de cette ville de Lorette, il faut quitter son auberge à la pointe du jour ; car si l'on attend neuf ou dix heures du matin, comme cela m'arriva, une multitude d'hommes, de femmes et d'enfans déguenillés, estropiés, à moitié ivres, se précipitent dans la cour de l'auberge comme s'ils voulaient piller la maison, en stimulant par des prières, et quelquefois des menaces, votre générosité, qui, si elle n'est pas suffisante pour tant de monde, vous fait courir le risque d'être suivi au loin dans la campagne, non sans danger, par tous ces fainéans qui aiment mieux croupir dans la misère et la malpropreté que de travailler.

Mais poursuivons notre route en marchant vers Ancône. Après avoir traversé le petit bourg de Camurano, le pays est toujours bien cultivé, et les habitans paraissent jouir d'une honnête aisance.

Ancône est un des plus beaux ports de mer

de l'Adriatique : les rues de cette ville sont très étroites, mais la principale, qui fut faite sous le règne de Pie VI, est large et régulière. Cette capitale de la marche d'Ancône possède quelques églises assez remarquables, telle que Saint-Ciriaque, qui est d'autant plus curieuse qu'elle fut élevée sur l'emplacement d'un ancien temple de Vénus; plusieurs tableaux estimés lui servent d'ornemens, mais ce n'est plus rien quand on a vu toutes les somptueuses églises de Rome. Plusieurs autres, telles que Saint-Dominique, Saint-François-de-la-Scala et Sainte-Palazia, sans être d'une belle architecture, sont intéressantes par les tableaux qu'elles renferment, mais ils sont peu nombreux.

La salle dite des Marchands, est très remarquable. Du côté de la mer elle a un vaste balcon d'où l'on découvre toute la rade : c'est là que les négocians vont s'asseoir, afin de voir arriver leurs navires; c'est là qu'ils couvent de l'œil long-temps, en tremblant, leurs richesses encore à la merci d'un élément aussi capricieux que redoutable.

En suivant la rue, l'on rencontre ce qu'il y a véritablement de plus beau dans Ancône,

je veux dire le môle, autrement la jetée. Elle
est incomparablement plus belle que celle de
Gênes. Le bassin qui s'étend sur la gauche
est vaste, et peut contenir un grand nombre
de bâtimens. On passe sous un arc de triomphe assez beau, qui fut élevé en l'honneur
de Trajan. Il y en a un autre beaucoup plus
magnifique, construit par Vantivelli, et que
l'on érigea en l'honneur de Benoît XIV. C'est
ce fameux architecte qui construisit le môle; il
a plus de deux mille pieds de long et soixante-
dix de hauteur, depuis la pointe qui est tout-
à-fait dans la mer, jusque dans la ville ; les
fortifications paraissent en assez bon état : je
me suis placé sur la plus élevée des pierres de
la pointe du môle, et de là j'ai contemplé
avec une grande satisfaction l'immense étendue des eaux au-devant de moi et sur ma
droite : j'entendais mugir l'onde sous mes
pieds et se briser en écumant avec un fracas
terrible contre cette masse énorme de pierres,
frein indomptable que Vantivelli lui a imposé ; cependant elle le ronge ce frein, car
des monceaux de pierres fracassées couvrent
le bord de l'onde du côté de l'orient en face
de la Dalmatie.

J'aurais désiré trouver plus d'aménité dans les habitans d'Ancône; mais en conservant le proverbe normand, *qu'il y a d'honnêtes gens partout*, on peut ajouter que la très mâle rusticité du Triton y domine, pour ne pas dire davantage.

Cependant, soit que les habitans possèdent des vertus hospitalières, ou soit la renommée de ce port, l'un des plus importans des états du souverain pontife, je vis un grand nombre de Grecs, qui dans ce moment fuient leur pays en proie à toutes les tortures que peuvent inventer les éternels ennemis du nom chrétien: ces malheureux Grecs échappés aux massacres des bourreaux asiatiques lâchés par le divan pour se gorger du sang des chrétiens de la Grèce, viennent ici étaler leur misère et leur infortune.

Le chef illustre assis au trône de Saint-Pierre, le père commun des chrétiens, sans examiner politiquement leur position, exerce envers eux la première vertu du christianisme, la charité; et sa munificence vraiment paternelle fait autant d'honneur au Saint-Siége que l'indigne politique des cabinets de l'Angleterre et de l'Autriche leur apporte de honte et d'infamie. Quoi! pour des espérances ambitieuses, fournir des armes et donner des plans d'égorgement aux Turcs!... Ah! qu'ils ouvrent l'Évangile, et qu'ils y lisent la parabole du Samaritain, ils y trouveront leur condamnation. Si un jour ces féroces Asiatiques viennent porter leurs ravages en Europe, après l'extermination des peuples de la Grèce, qui ont toujours été et devraient toujours être le rempart de l'Europe contre les débordemens de l'Asie, l'Europe devra ce malheur à la politique de l'Angleterre et de l'Autriche, à qui l'ambition et l'avarice font oublier les devoirs de l'humanité, en favorisant des Musulmans contre des chrétiens, dans l'espérance d'envahir sur les autres nations le commerce de l'Arabie et de l'Orient; mais qu'ils ne s'y trompent pas, Dieu est trop juste pour faire réussir leur entreprise, et en croyant courir au butin, ils pourraient bien ne s'acheminer *lentement* et *sourdement* que vers la destruction de leur commerce en cette partie du monde, après une honteuse expulsion. Qu'on ne dise point que la politique tolère la cruauté : la véritable politique d'un état chrétien est celle qui protège les hommes et surtout le christianisme contre leurs ennemis les plus acharnés.

Enfin les malheureux Grecs, chassés par les Anglais qui ne sont plus chrétiens qu'autant que les maximes de l'Évangile ne sont pas en contradiction avec leurs intérêts commerciaux, repoussés par ceux de leur propre pays aux îles Ioniennes qui sont sous l'influence de l'Angleterre, ont cherché un refuge à Trieste, d'où ils ont été chassés par les Autrichiens, et enfin sont venus implorer le secours et la protection de Pie VII, qui, sans armes et sans flotte, n'ayant que son cœur magnanime pour politique, n'a pas craint d'encourir l'indignation des Musulmans, et a donné un refuge, des secours et des consolations aux infortunés Grecs quelles que soient la diversité de leurs usages et la différence de leur doctrine : hélas! elle ne consiste que dans quelques mots mal expliqués qui forment le schisme entr'eux et l'église catholique et romaine.

Ces infortunés Grecs fuyant leur patrie, l'imagination encore effrayée des massacres, des proscriptions, et de l'aspect de leurs frères en Jésus-Christ échauffant contr'eux la rage de ces sanguinaires Asiatiques, peuvent dire en pleurant ces touchans versets du psalmiste lors de la captivité de Babylone; ces versets du psaume *Super flumina Babylonis*, dont je te fais ici la traduction :

Vers l'Euphrate exilés, assis près du rivage,
Un tendre souvenir augmentait nos douleurs :
Nous pensions au Jourdain, hélas ! et son image
    Nous arrachait des pleurs.

Nous avions suspendu nos muettes cithares
Aux saules qui couvraient le désert de ces bords ;
Nos tyrans réclamaient avec des cris barbares
    De célestes accords.

« Chantez, nous disaient-ils, chantez-nous ces cantiques
» Qui soutenaient l'espoir de votre nation;
» Nous voulons écouter ces accens prophétiques
    » Admirés dans Sion. »

Ah ! qui de nous voudrait, languissant de tristesse,
Loin de Jérusalem, sans culte et sans honneur,
Profaner par les chants d'une coupable ivresse
    Les hymnes du Seigneur ?

Jérusalem, hélas ! cité sainte et chérie!...
Puis-je oublier le jour qui nous en vit bannir ?
Si jamais de Sion, ô si de ma patrie
    Je perds le souvenir,

Que sous mes doigts flétris la corde harmonieuse
Refuse ses accords à mes nobles chansons !
Que mon gosier, rebelle à ma langue odieuse,
    Ne forme plus de sons.

Rappelle-toi, grand Dieu ! quand nous fûmes la proie
De vainqueurs inhumains qui s'acharnaient sur nous,
Que les enfans d'Edom les voyaient avec joie
    Échauffant leur courroux.

« De Sion, criaient-ils, ne laissez nulle trace,
» Renversez ces remparts, ces palais insolens ;
» Exterminez Jacob, engloutissez sa race
    » Sous ces débris sanglans ! »

Le vengeur n'est pas loin, fille de Babylone !...
Qui peut rompre le cours de ses prospérités ?
Il vient, brisant nos fers, anéantir ton trône
    Avec tes cruautés.

Heureux ceux qui viendront, comblant notre espérance,
Sur tes remparts détruits massacrer tes enfans,
Nous mêlerons les chants de notre délivrance
    A leurs cris triomphans.

Ces Grecs fugitifs, la tristesse peinte sur le visage, l'œil cavé par la faim et la souffrance, arrachent la commisération du plus indifférent. Oh ! qu'il y a de charmes à secourir les infortunés ; c'est la première loi du christianisme ; elle est écrite dans le cœur de l'homme que l'orgueil et l'avarice n'ont point abruti.

Poursuivant ma route pour me rendre à Venise, je remontai pendant trois jours les côtes de la mer Adriatique que l'on ne quitte plus qu'un peu avant d'arriver à Rimini. Ce

chemin est véritablement intéressant pour
ceux qui aiment le coup-d'œil imposant de
la mer; quant à moi, quoique j'aie vu souvent
la mer et que j'aie fait plusieurs traversées, je
ne contemple jamais cette masse de l'onde,
dont les nuances varient sans cesse, et qui
semble animée à cause de son mouvement
continuel, sans une secrète émotion, et je
dirai même sans vénération; sa force majestueuse, qui semble domptée par la main du
Tout-Puissant, et qui vient pour ainsi dire s'hu-
milier contre la terre qu'elle pourrait engloutir, me semble un des mystères de la nature
qui doivent le plus porter l'homme à la mé-
ditation; c'est pourquoi ce voyage de trois
jours où je marchai pour ainsi dire dans les
eaux, puisque cheminant sur le sable, les vagues en se brisant venaient baigner mes pieds,
et que souvent l'écume jaillissante des flots
blanchissait mes vêtemens, fut pour moi non
seulement un spectacle qui satisfaisait mon
penchant naturel, mais qui, de plus, attachait
mon âme à de continuelles réflexions.

Je fis en marchant une provision de coquil-
lages assez curieux que les flots déposent sur
le sable en se retirant.

La route qui côtoye le rivage est droite, très égale et bien roulante.

Depuis Ancône jusqu'à Sinagaglia une petite plaine cultivée borde le chemin vers la gauche, et les ondes écumeuses mugissant sur la droite, vous rappellent sans cesse le vers si pittoresque d'Homère :

Βῆ δ'ἀκέων παρὰ θῖνα πολυφλοίσβοιο θαλάσσης.

Sinagaglia est une jolie petite ville bien bâtie, qui possède les plus beaux magasins pour les marchandises, car il s'y rassemble chaque année des marchés très considérables. La ville est peuplée en grande partie de pêcheurs : ces gens sont doux, prévenans, et, je crois, les moins intéressés de tous ceux que j'ai rencontrés en Italie ; on y est bien reçu et servi avec beaucoup de complaisance, d'exactitude, d'activité, et ce qui m'a paru tout-à-fait singulier, avec une grande propreté. Le peuple y est très gai : on se promène le soir dans les grandes rues, principalement sur la jolie jetée d'où l'on jouit de l'aspect majestueux de la mer. Avant d'arriver à Sinagaglia on gravit une montagne qui conserve le nom d'Asdru-

bal, où ce général carthaginois fut défait par
les Romains.

On suit toujours le rivage de l'Adriatique,
et après avoir traversé la petite rivière de Cesano, qui va se jeter dans la mer ainsi que le
torrent impétueux du Métauro, on entre à
Fano, ville peu importante, assez triste, et
qui n'est guère remarquable que par quelques
débris d'antiquités romaines et deux églises
où l'on conserve des tableaux de maîtres; de
là à Pesaro. Ensuite, après avoir traversé la
Foglia, qui va se précipiter dans l'Adriatique,
on arrive à Catolica, petit village fort joli,
non pas pour ses bâtimens, mais pour l'agréable aspect des campagnes qui s'étendent assez
loin depuis les rivages. Ce village conserve le
nom de *catholique*, parce qu'il fut la retraite
des prélats orthodoxes qui se séparèrent des
ariens au concile de Rimini.

En descendant le village de Catolica, on se
voit arrêter par un torrent d'une largeur
énorme en cet endroit, appelé la Conca; il est
très dangereux quand il est enflé par les eaux
à cause du voisinage de la mer, où il vous
entraînerait infailliblement; cependant je le
traversai par un gué où il n'y avait que deux

pieds d'eau : un paysan marchait devant nous pour nous montrer le chemin praticable. Il faut passer encore deux autres branches moins larges de ce torrent, qui couvre l'espace d'une lieue.

J'ai côtoyé la mer jusqu'au chemin qui mène à Rimini ; c'est là qu'il faut lui faire ses adieux pour ne plus la revoir qu'à Mestre, d'où l'on s'embarque pour Venise.

Rimini, ville très ancienne, n'est ni une belle ville ni une ville agréable ; ce n'est point un port de mer, quoique très peu éloignée de l'Adriatique. A l'embouchure de la petite rivière appelée Marcochia, on voit quelques barques de pêcheurs : c'est là le port. Cependant cette ville est grande, son entrée s'annonce par un arc de triomphe élevé en l'honneur d'Auguste, et l'on en sort par un beau pont que l'on dit avoir aussi été construit sous ce même empereur. L'église cathédrale est bâtie sur les ruines d'un temple de Castor et Pollux.

Dans le marché aux poissons on me montra un piédestal qui passe pour avoir été la tribune où Jules-César harangua son armée avant de passer le Rubicon.

24..

Sur la grande place on voit une belle statue colossale en bronze représentant le pape
Paul II.

La route est fort agréable jusqu'à Bologne;
on traverse le village de Savigliano, la petite
ville de Césène; de là on passe le Savio sur
un pont moderne d'une longueur énorme; il
est d'une belle construction; puis l'on rencontre Forli, ville considérable; on y remarque
quelques églises assez belles, et en particulier
deux maisons ou palais, dont les fresques sont
peintes par Raphaël.

Suivant toujours l'ancienne voie Émi-
lienne, on passe dans Forlimpopoli qui n'a
rien de remarquable, si ce ne sont les ruines
d'un ancien Forum. Enfin par un chemin fort
champêtre on arrive à la jolie ville de Faenza
qui est une des mieux bâties de l'Italie; elle
est populeuse, et c'est là que l'on a inventé
cette espèce de vaisselle en terre cuite que
l'on appelle en italien majolica, et que les
Français ont si bien perfectionnée en lui laissant le nom de la ville qui l'inventa; car nos
faïences sont bien supérieures à cette majolica
que l'on y fabrique.

A San Pietro, petit village, on passe de la

Romagne dans le Bolonais, après avoir traversé la très vilaine ville d'Imola; enfin l'on
arrive à Bologne dont je t'ai déjà parlé, car
c'est la seconde fois que j'y entre.

Pour se rendre à Ferrare, capitale de l'ancien duché de ce nom, il faut traverser une
plaine assez triste, dont le sol, quoique fertile, n'est pas aussi bien cultivé que les pays
que je viens de parcourir : on franchit un
pont sur le Naviglio, et après avoir traversé
Dondéno, qui à peine mérite le nom de village,
on arrive à Ferrare. La route rompue en
plusieurs endroits est sujette à des inonda-
tions; elle côtoye le fleuve du Pô qui est fort
large en ce pays.

Rien de bien curieux jusqu'à Ferrare, qui
était, sous le gouvernement des anciens ducs
d'Est, dont la famille est éteinte depuis long-
temps, le rendez-vous de tous les beaux
esprits de l'Italie. L'infortuné Tasse y vit le
théâtre de sa gloire et celui de ses souffrances;
Arioste, selon les uns, prit naissance en cette
ville, ou du moins l'illustra par sa présence
et ses ouvrages. A l'aspect du tombeau de ce
grand poëte, je ne pus m'empêcher de re-
passer dans mon imagination tous les tableaux

riants, gracieux ou pleins de vigueur de son Roland Furieux.

L'Arioste avait reçu de la nature un esprit observateur, un cœur plein de droiture et très sensible aux charmes de la beauté, aussi son poëme est un tissu de tableaux gracieux et de leçons de morale. Il est plus satirique que comique, mais il sait adoucir les traits de la satire par son enjouement et sa civilité ; il excelle surtout dans les peintures voluptueuses. Avec quel soin il s'est plu à nous décrire les attraits d'Angélique et d'Olympe tour-à-tour exposées sur les rochers des Ébudiens : ces tableaux sont pleins de fraîcheur et de grâce, quoiqu'un peu licencieux ; son esprit s'échauffe par les images qu'il décrit, et quelquefois il alarme la pudeur ; mais jusque dans ce défaut il met une candeur naïve qui, si elle exalte l'imagination, ne peut pas corrompre le cœur.

Il est surtout admirable dans la peinture de ses caractères ; comme ils sont variés ! quel naturel ! quelle vérité ! tout a des mœurs dans son poëme, jusqu'aux animaux. Son merveilleux est comique et propre au genre adopté par sa muse, qui a plus d'enjouement et de délicatesse que de noblesse et de gravité. Le poëte semble ne jamais parler sérieusement, et même craindre de se fatiguer en se livrant au pathétique. S'il aborde le sérieux, il s'arrête pour ainsi dire tout court, et reprend un autre sujet et d'autres pinceaux.

On ne peut trop le louer de son épisode des jardins d'Alcine. On voit par-là qu'il était, dans le fond, amateur de la sagesse; car cette enchanteresse d'Alcine, qui fut depuis imitée par le Tasse, est sans doute la coquetterie et la licence dans les plaisirs de l'amour; les jardins d'Alcine nous sont représentés par l'Arioste comme le réceptacle de tous les monstres les plus hideux et les plus chimériques; au lieu que dans les jardins de la prudente et sage Logistile, tout est bien ordonné, magnifique et réel : c'est là où l'on goûte les vrais plaisirs. Chez Alcine tout est mensonge et illusion, jusqu'au plaisir même : la demeure de Logistile offre le vrai bonheur et la sérénité du sage.

Mais le personnage qui l'emporte sur tous, à mon avis, c'est le héros principal de son poëme, c'est ce bon et robuste Roland; ce paladin français se peint lui-même dans ses actions

comme dans ses brefs discours : je le trouve
bien supérieur à l'Ajax d'Homère dont il est
imité. L'habile Arioste y a mêlé les qualités
brillantes et la courtoisie chevaleresque; la
simplicité jointe à une valeur intrépide soutenue d'une force surnaturelle, rendent ce
héros très agréable au lecteur; il fait beaucoup de grandes actions,.mais il ne se pique
pas d'éloquence, et comme il le dit lui-même
à la belle Olympe dans sa naïve simplicité :
« Je vous mènerai dans vos états, je ferai
» tout pour vous, et j'en ferai même plus que
» je ne pourrais vous dire. »

Voilà un habile coup de pinceau : c'est
ainsi que d'un seul trait le poète nous a peint
son héros. Cette franchise généreuse plaît
beaucoup dans le comte d'Angers; mais un
tableau qui nous donne une haute estime
pour son caractère, est celui-ci : Roland combat l'orque marine que Roger n'avait fait
qu'étourdir par l'éclat de son bouclier merveilleux; il tue ce monstre et le tire sur le
rivage avec un câble attaché à une ancre de
vaisseau, ensuite il approche de la belle
Olympe, dont la chevelure noire faisait ressortir tous les charmes exposés à la vue sans

aucun voile; Roland, quoique maître et libérateur de tant d'attraits, n'abuse pas de sa position ; il la détache du rocher où elle était exposée, et ce qu'il demande d'abord, ce sont des habits pour la vêtir. On voit que si l'Arioste a donné à son héros une grande force de corps, il l'a orné aussi d'une grande force d'esprit. On peut faire le rapprochement de sa conduite avec celle de Roger qui enlève de même la belle Angélique, mais qui, loin de chercher à voiler ses attraits, la place sur l'hypogriphe et la mène par un chemin aérien dans un bosquet, où , déposée sur un gazon fleuri, il se dispose à user des droits du vainqueur : soudain la reine de Cathay disparait à ses yeux par le moyen de son anneau enchanté, punissant ainsi l'intempérance du trop vif Roger.

Ainsi l'on voit dans le comte d'Angers un paladin aussi généreux qu'il est courtois et maître de ses désirs. Roger est moins sage, il offre une nature moins forte et moins grave; l'un est maître des autres aussi bien que de lui-même, l'autre est trop voluptueux et plus facile à vaincre ou à tromper.

C'est ainsi qu'avec de riantes peintures les

poëtes donnent des leçons aussi graves et
toujours plus agréables que ne le sont les
arides maximes de la philosophie.

D'autres caractères qui animent et varient
ce poëme, ne sont pas moins remarquables,
tel que celui de Mandricard, ce turbulent
roi de Tartarie; ses actions et ses discours le
dépeignent au point de faire illusion. Le poëte
le fait descendre de ce Nemrod que l'Écriture-
Sainte nous représente comme le premier des
conquérans, en le désignant par le titre de
Fort-Chasseur : l'orgueil et la présomption,
aussi bien que l'audace qu'il donne à son
descendant, sont bien les fondemens de l'ambition. Quel est le motif qui engage le roi de
Tartarie à chercher le fameux paladin Roland ? Ce sont les éloges que l'on donne devant
lui à la force et à la valeur du chevalier chrétien. Aussitôt Mandricard, sans dire un mot,
sur ce seul éloge part avec l'intention de rencontrer ce paladin que l'on dit invincible et de
se mesurer avec lui. Chemin faisant il exécute
un acte de violence qui développe bien son caractère; l'art du poëte n'y saurait être trop loué:
car après avoir montré les paladins Roland et
Roger, dans l'un la courtoisie et la loyauté, dans

le second la galanterie et l'amour, l'Arioste compose un troisième tableau de ce genre où il fait voir la brutalité du sensuel Tartare qui ne connaît d'autre loi que la force, et d'autres jouissances que celles qu'il peut goûter par la violence; l'ambition ne peut pas être mieux ca-ractérisée; aussi Mandricard assomme ou met en pièces les gardes de Doralice, puis l'enlève toute tremblante, et finit, avec des moyens plus insultans que passionnés, par s'en faire une amante complaisante et même tendre, tant qu'elle sera en son pouvoir.

L'arrogant monarque de Circassie, je veux dire Rodomont, est encore un de ces per-sonnages où brille l'imagination de l'Arioste; il y a joint des détails sur Paris qui ne sont pas sans agrément pour un Français, car ils sont très exacts, du moins en se reportant à l'époque où vivait le poëte; ayant vu Paris, il en décrit le plan tel qu'il était alors. Les combats de Rodomont sont tracés avec une vigueur et une impétuosité brillantes, d'une manière peut-être gigantesque, mais le genre de l'Arioste est d'outrer un peu tout ce qu'il peint, ce qui devient souvent plaisant sans être presque jamais bouffon.

La valeur du paladin Renaud est plus mesurée et plus franche; elle fait un beau contraste avec la fougue de Rodomont.

Dans la description des manœuvres des combattans, l'Arioste se montre l'égal des plus grands poëtes épiques; il est très clair et très exact dans la marche et l'attaque des troupes. Il nous indique les Sarrasins répandus vers la rue Saint-Jacques et le côté du Jardin du Roi; Rodomont poussant son attaque jusqu'au Palais de Justice, où existait probablement un rempart autrefois. Le Sarrasin y est mis en fuite par Charlemagne, qui est enfin secouru par le paladin Renaud; celui-ci revenant d'Angleterre avec des renforts, rentre dans Paris, selon le poëte, avec une partie de ses troupes par la rue Saint-Martin et l'autre partie par la rue Saint-Denis.

L'on ne peut pas être plus vraisemblable dans ses compositions de plan de combats; c'est un grand et bel exemple à suivre. Homère, Virgile, sont aussi très scrupuleux sur cette matière, et le Tasse n'a pas moins de vérité dans ses descriptions de Jérusalem et de la Palestine, que l'Arioste n'en a mis à retracer la capitale de la France et les lieux principaux qui furent le théâtre des exploits de Charlemagne et de ses paladins.

Parmi tant de leçons de morale que ce poëte illustre donne à tous les hommes, il en est une que la jeunesse franche et crédule ne devrait jamais oublier : le conte des perfides amans Martan et Origile, abusant de concert de la bonne foi de Griffon, est un terrible exemple contre les séductions dangereuses de ces sortes d'intrigans.

L'Arioste possédait cet art si recommandé par Boileau pour plaire au lecteur, de passer du grave au doux, du plaisant au sévère avec une facilité qui étonne. Après la description effrayante d'une tempête, il dépeint les mœurs et les usages des cruelles amazones qui imposaient une tâche singulièrement pénible aux malheureux naufragés.

Marphise, Sansonnet et Griffon, tous trois jetés sur ces côtes, y produisent des scènes très plaisantes, mais j'ose dire, en plusieurs circonstances, trop burlesques. Cette faiblesse est relevée sans doute par la description admirable du combat de Marphise contre le chevalier noir.

Qui pourrait oublier aussi les amours d'Angélique et de Médor? rien de plus gracieux et à-la-fois de plus touchant que les soins empressés d'Angélique pour faire recouvrer la santé au beau Sarrasin. Cependant Arioste avait assez de ressources dans la fécondité de son imagination pour inventer une histoire autre que celle qu'il raconte sur la manière dont Médor fut blessé; car cet incident est trop visiblement copié du bel épisode de Nisus et Euryale, si touchant dans Virgile; lorsque l'on copie les grands maîtres, il faut au moins les égaler, ou bien s'en abstenir. D'ailleurs il n'est point permis de copier servilement les autres, mais on peut, en changeant les incidens, s'approprier les pensées et les sentimens en les accommodant au sujet que l'on traite; sans cela il n'y a plus aucun mérite.

L'histoire de l'infernale Gabrine, quoique d'une hideuse invention, répand de la variété; partout l'Arioste se montre un grand peintre. Ce naturel pervers est aussi bien senti et développé que les actions des héros les plus nobles et les plus généreux; cette flexibilité de talent qui tient du prodige, est si rare, que l'on n'en pourrait trop admirer les productions et concevoir une assez haute estime

de celui qui les possédait. Le but moral de
cet épisode est d'établir que l'on doit être
esclave de sa parole, qu'aucun motif ne peut
vous obliger à ne pas y être fidèle : quelle
belle leçon pour l'honneur !

L'Arioste ne laisse pas que de faire voir l'inconvénient d'engager par serment son honneur sans y apporter beaucoup de prudence ;
car l'embarras du chevalier qui expose sa vie
pour défendre un pareil monstre, est un sage
avertissement de ne point soutenir une cause
sans connaître si elle est juste ou injuste.

Enfin pourrait-on oublier la douleur terrible, si énergiquement peinte du bon paladin Roland, lorsqu'il vient à reconnaître l'infidélité d'Angélique ? Quels grands traits,
quelles couleurs nous peignent cette démence
digne à-la-fois de compassion et d'admiration ! Si les héros d'Homère paraissent avoir
dix pieds de haut, quelle taille donnera-t-on
à ce terrible Hercule, ce paladin Roland ,
qui déracine les pins des montagnes et fait
trembler les campagnes sous ses pieds ? ceci
ne passe pas les bornes du vraisemblable
poétique , à cause de l'adresse du poète, qui
est parvenu à nous donner auparavant une

si haute idée du comte d'Angers, que l'on reçoit avec bienveillance, comme la vérité, ces exagérations de la vigueur du héros.

Quelle admirable peinture! il me semble toujours voir ce redoutable et confiant chevalier, qui, à l'aspect des preuves irrévocables de son affront, convaincu de l'infidélité d'Angélique, demeure immobile, répand d'abondantes larmes, et bientôt pousse des hurlemens, signes effrayans de sa profonde douleur. Les exploits qu'il fait pendant sa démence complètent ce tableau fameux; certes la conception en est sublime, et l'exécution répond bien à l'invention.

En repassant ainsi les principaux traits de ce poëme si justement célèbre, et ayant sous mes yeux la tombe où reposent les restes inanimés d'un génie si vaste et si fécond, je ne pus m'empêcher de lui adresser cet hommage de ma vénération dans ces vers que j'improvisai. S'ils ne sont pas dignes de celui qui les a inspirés, ils sont du moins un témoignage certain de mon admiration pour son génie :

Salut, chantre immortel de Roland furieux !
Honneur à cet enfant du moderne Parnasse
Dont l'esprit délicat, enjoué, plein d'audace,
Sut donner aux leçons un tour si gracieux.

Français et voyageur, sensible et curieux ,
Sur sa tombe je viens déposer mes hommages :
Arioste est donc mort et repose en ces lieux ! ! !
Non, son âme nous reste !... il vit dans ses ouvrages ;
Le trépas n'a de lui que le moins précieux.

On me montra aussi à Ferrare, dans l'église de Saint-Dominique, le tombeau des deux poètes appelés Strozzi, et de plusieurs autres hommes célèbres.

Dans la cathédrale, très beau morceau d'architecture, où les ornemens répondent à la majesté de l'édifice, il y a le tombeau de l'aimable conteur Géraldi, gentilhomme de Ferrare, dont les nouvelles ont fourni tant de sujets aux poètes dramatiques, entr'autres celui d'*Othello* à l'anglais Shakespear. L'on rabattrait bien de l'admiration que l'on a depuis peu pour son génie, si l'on voyait qu'il a tout pris dans le conteur italien ; non seulement le sujet historique, les noms, les caractères, mais encore les incidens qui forment le nœud et le dénoûment de sa pièce. Le poète anglais ne se donnait la peine que de couper en actes et en scènes, et de dialoguer à sa manière les histoires qu'il tirait des nouvelles de Géraldi, de Bandel et autres ; ainsi que des histoires politiques ou des mémoires où il puisa tous les incidens de ses pièces, ne se doutant nullement du véritable art dramatique des Grecs, si bien imité et transporté sur notre scène par les Corneille, les Racine, les Molière, et tous nos habiles Français qui se sont occupés du théâtre.

Les beaux édifices que l'on remarque à Ferrare, la largeur des rues dans la partie neuve, annoncent que cette ville fut autrefois digne du nom de capitale; mais actuellement elle est bien triste et déserte. Les marais qui l'environnent en rendent l'air si malsain, que les habitans semblent presque tous valétudinaires. Ils ont le teint jaune, les lèvres décolorées, et l'œil trouble, comme les ont d'ordinaire les personnes tourmentées de la fièvre.

Enfin pour mettre le comble à la tristesse que ces lieux inspirent, on me montra l'hôpital où l'infortuné Tasse fut enfermé comme fou, n'étant pour son malheur qu'amoureux et poëte.

Véritablement je quittai cette ville avec des idées bien tristes, et je m'acheminai vers Mantoue, aspirant à visiter cette cité, le berceau de Virgile. Je suis, comme tu le vois, sur une terre sacrée, ou du moins classique, sur la terre de l'épopée. La Lombardie a la

gloire d'avoir donné le jour à bien des grands
poètes, ou d'avoir été le théâtre de leurs travaux. L'Arioste à Ferrare ainsi que le Tasse;
Virgile à Ande près Mantoue; Pétrarque à
Arquata où l'on voit son tombeau; la ville de
Vérone où le Dante composa, au temps de
son exil, sa divine Comédie; enfin Asti, qui
vit naître le fameux tragique italien Alfiéri.
Un grand nombre de peintres célèbres ont
aussi pris naissance en Lombardie.

Pour arriver à Mantoue il faut traverser le
Pô que les poètes anciens appelaient l'Éridan,
roi des fleuves; en effet il est vaste, rapide et
d'un aspect majestueux.

Tu dois bien penser que ce n'était nullement la ville de Mantoue que j'allais voir en
ce pays, mais le lieu où le prince des poètes
latins vint au monde. Aussi je n'eus rien de
plus à cœur que de me transporter au hameau de Piétole, qui s'appelait autrefois
Ande, et où naquit Virgile : il est à une petite
lieue de Mantoue; toutes les campagnes qui
l'environnent sont d'une admirable fertilité;
la terre est rougeâtre et très forte : on y voit
plantés de toutes parts des mûriers et des
ormes que la vigne couronne en festons de

25..

verdure. Des blés, des maïs, des arbres fruitiers, des légumes de toute espèce enrichissent cette belle campagne. Le chétif hameau
de Piétole n'est pas fait pour inspirer de
hautes pensées poétiques, mais on n'y voit que
l'homme illustre à qui il donna le jour ; toutes
mes idées ne s'attachaient qu'à Virgile : je
repassais dans mon esprit tous les beaux morceaux de son Énéide, la naïve douceur de ses
églogues et l'élégance souvent pompeuse de
ses géorgiques. Enfin, frappé de tous les
objets qui avaient aussi frappé les regards de
ce poëte si justement célèbre, je montai ma
lyre et lui vouai cet hommage sur le lieu même
de sa naissance, interrogeant tous les objets
qui m'environnaient alors, muets témoins,
mais qui parlaient fortement à mon âme.

  « Phœbus, dont la splendeur éclaire ce hameau,
  » O toi ! qui de Virgile échauffais le berceau,
  » Que ton ardeur ici me semble plus féconde !
  » C'est toi qui l'élevas pour en orner le monde.
  » Vallons, forêts témoins de ses jeux innocens,
  » Vos échos répondaient à ses premiers accens.
  » Ah ! dès-lors que sa voix était douce et touchante !
  » Fuyant un oppresseur, sa plainte gémissante
  » Du Mincio fougueux sut apaiser les flots,
  » Et ce fleuve attendri le cacha sous ses eaux.
  » Et toi, lac azuré, que mon œil voit s'étendre,
  » Ton onde a tressailli du plaisir de l'entendre !

» O Piétole ! et toi, séjour aimé des cieux,
» Toi qui donnas la vie au cygne harmonieux,
» Gloire et salut !... Je viens d'une plage lointaine ;
» Un nourrisson chéri des Muses de la Seine,
» De leur nouvel hommage apporte les tributs.
» Naguère un Mars français poursuivant des vaincus,
» Au berceau de Virgile arrêta la victoire :
» Miollis à Virgile associa sa gloire.
» Sur sa tombe il voulut déposer ses lauriers,
» Du chantre de Turnus, par les plus grands guerriers,
» Le glorieux berceau reçut un nouveau lustre.
» Héros, oui, respectez celui qui vous illustre !
» Que de grands noms perdus pour la postérité !
» Tout, et gloire et vertu, meurt dans l'obscurité
» Si ces chantres divins, que le ciel même inspire,
» Pour vous rendre immortels ne font parler la lyre.
» Du Mincio sacré je viens goûter les eaux ;
» Puiser en ces climats l'ardeur dans mes travaux.
» Émulateur hardi d'Arioste et du Tasse,
» De ces chantres divins je veux suivre la trace,
» Et des héros chrétiens, racontant les exploits,
» Sous des astres nouveaux faire éclater la croix :
» Je veux de leurs travaux révéler les merveilles,
» Et, zélé pour leur gloire, y consacrer mes veilles. »

Le général français Miollis, pendant les
dernières guerres d'Italie, fut nommé gou-
verneur de Mantoue; il fit dessécher et com-
bler un marais pestilentiel formé dans la
ville par les eaux stagnantes provenant du
lac qui l'environne, et planter d'arbres un
jardin fort étendu à la place de ce marais; au

milieu il fit élever un tombeau provisoire à Virgile en célébrant une fête en son honneur; mais on n'a pas encore achevé ce monument, et les Français en quelques mois ont plus fait pour la mémoire du poète latin, que ses compatriotes depuis nombre de siècles.

À l'extrémité de ce jardin, vers le lac, on a construit en pierre, un petit cirque découvert par le haut, auquel on a imposé le nom de théâtre de Virgile; il n'est nullement digne de lui; car je pense que l'on ne peut y faire jouer que les marionnettes, ou bien tout au plus quelques bouffonneries à deux acteurs, comme on le voit sur nos boulevards de Paris. C'est le seul monument, avec la Virgiliana, maison de plaisance des anciens ducs de Gonzague, où l'on trouve des traces de la mémoire de Virgile : c'est là, dit-on, qu'il venait souvent méditer ses chants poétiques.

Le voyageur cherche inutilement dans Mantoue même une statue ou un monument élevé en l'honneur de celui qui seul l'attire en cette ville; elle n'est d'ailleurs que très peu agréable, quoique les rues soient larges et droites; mais elle est plutôt peuplée de gens de campagne, ou du moins de personnes qui

en ont les mœurs et le costume, que de gens
polis et distingués : l'urbanité n'y semble pas
très à la mode.

Quelques églises y sont remarquables par
les travaux de Jules Romain, disciple favori de
Raphaël; c'est peut-être le seul peintre italien qui chercha à imiter son maître; aussi,
quoique souvent plus correct que beaucoup
d'autres, il n'est point aussi estimé qu'eux en
Italie : Jules Romain resta bien loin de celui
qu'il chercha à imiter; on voit son tombeau
dans l'église de Saint-Barnaba; on y montre
celui du père du célèbre Tasse, qui était poète
aussi, mais bien inférieur à son fils Torquato,
auteur du poëme immortel de la Jérusalem
délivrée.

L'église de Saint-André est remarquable
par la précieuse relique que l'on y possède;
cette relique est *du sang de Jésus-Christ*; je
pense qu'il est sur un linge qui en est imprégné;
je n'ai pu le savoir positivement. Le tabernacle
où l'on conserve cette sainte relique est placé
sur l'autel d'une chapelle souterraine, où des
lampes d'argent sont perpétuellement allumées; la grille qui l'environne n'est point
ouverte au public; je n'ai pu m'en faire ou-

vrir la porte que par protection. Cette belle chapelle, ainsi que l'autel et le tabernacle, tout est resplendissant d'argent, d'or et de pierres précieuses.

Les remparts de Mantoue sont d'une vaste étendue et d'un aspect agréable; les fossés sont remplis d'arbres fruitiers et de verdure. On va se promener sur le pont Saint-Georges et la terrasse qui y conduit, d'où l'on découvre les Alpes.

Enfin je sortis de Mantoue pour me rendre à Vérone; on suit la grande rue, et passant sur le pont couvert, on découvre après l'avoir franchi, le beau lac Supérieur vers la gauche, au travers duquel coule le Mincio qui, se précipitant avec impétuosité sous le pont couvert, roule, en formant des cascades, dans le lac Inférieur; il n'est pas à beaucoup près aussi beau que le lac Supérieur qui s'étend vers le nord de la ville. C'est dans cette partie basse du lac qui se développe vers la droite, que les Français ont desséché le marais qui inondait la ville et en rendait le séjour si malsain.

Le chemin qui conduit à Vérone est un véritable bosquet enchanté jusqu'à Villa-Franca : en sortant de la dernière porte de Mantoue, la route se trouve bordée de chaque côté par un ruisseau formant plusieurs cascades; l'eau en est limpide, d'une fraîcheur et d'un goût délicieux. Deux étangs se développent un peu plus loin dans l'intérieur des terres.

On aperçoit sur la gauche les montagnes du Tyrol qui bornent au loin l'horizon jusqu'au-delà de Vérone ; on s'en approche insensiblement en cheminant vers cette ville.

Je couchai au village de Villa-Franca, dans une auberge assez médiocre ; avant d'entrer dans ce village on rencontre une citadelle à demi-démolie ; elle protégeait, du temps des petites républiques modernes de l'Italie, les frontières soit du Mantouan, soit du Véronais : ce ne sont plus maintenant que des débris inhabités.

La rue unique qui traverse le village de Villa-Franca est d'une immense largeur; les maisons de chaque côté sont au moins éloignées de cent vingt pas.

On sort donc de ce village peu intéressant, et pendant quatre heures que l'on met pour arriver à Vérone, on traverse une plaine couverte de mûriers, que les habitans dépouillent entièrement de leur feuillage pour nourrir les vers à soie dont on élève une grande quantité dans ce pays, et l'on descend dans Vérone qui est partagée en ville haute et ville basse.

L'Adige, beau fleuve, très impétueux lors des pluies ou des fontes de neige, la traverse; l'amphithéâtre verdoyant que l'on aperçoit au-delà de l'Adige, avant d'entrer dans Vérone, est couvert de jolies maisons de campagne.

La ville est très ancienne, les bâtimens en sont peu majestueux et d'une architecture gothique; mais on est récompensé par l'aménité des habitans qui sont complaisans, d'une humeur enjouée et très favorable aux étrangers; il n'y a qu'un inconvénient dans Vérone, c'est le même qui existe dans Vicence, Venise et autres villes des environs, qui est la difficulté de dormir la nuit; on est dans l'usage de ne se coucher qu'au point du jour, et de courir les rues et les cafés en faisant un tapage de voix et d'instrumens, principalement de trompettes, qui rendent des sons très aigus; ce qui ne laisse pas d'être fort incommode à ceux qui désirent se reposer des fatigues d'un long voyage : à cela près, tout y est agrément.

Le plus vaste et le plus curieux monument

de Vérone, est l'amphithéâtre ou cirque, qui est très bien conservé; il est d'une autre espèce de construction que le colysée de Rome; car celui de Vérone est un cirque où les spectateurs doivent s'asseoir sur les degrés, depuis le haut jusqu'à l'endroit où se trouve l'arène, qui a plus de deux cents pieds de diamètre. Ce cirque n'est point couvert par le haut; on est assis sur des marches de granit, à l'ardeur du soleil et à l'intempérie des vents et de la pluie. Ce théâtre pourrait contenir vingt-cinq mille spectateurs; mais je doute que nos amateurs de spectacles de France voulussent bien braver les rayons du soleil et l'humidité des nuages, aussi bien que le très dur siège de granit qui n'est pas même poli, et s'asseoir ainsi à la foule pour assister à des jeux soit d'esprit, soit de corps.

Je pense que cette arène n'a guère pu servir qu'à des combats d'animaux dont on voit encore les loges dans le pourtour d'en-bas.

Malgré son étendue, une personne qui parle à demi-voix dans l'arène est parfaitement entendue jusqu'à l'extrémité supérieure des gradins qui ont une élévation de quatre cents pieds environ. Il y a vers l'un des côtés de

l'arène un vaste bassin qui avait aussi sa destination pour des jeux nautiques.

Les Véronais ne se sont pas contentés de
ce genre de salle de spectacle en butte aux
caprices du temps, ils ont encore un assez
beau théâtre moderne à cinq rangs de loges,
et de la même architecture que celle de tous
les autres théâtres d'Italie.

On montre aux étrangers le tombeau des
seigneurs de l'Escale, princes qui occupaient
les premières charges de l'état du temps de
la république; il est difficile de voir quelque
chose d'un plus mauvais goût; ce tombeau
est environné d'une grille de fer qui aurait
besoin de réparations. L'intérieur en est si dégoûtant que je refusai d'y entrer malgré les
invitations d'un bon ecclésiastique qui, appa-
remment, considérait ce monument comme
digne d'admiration; il a tout au plus douze
pieds carrés, et se trouve dans un état de délabrement tel que l'on ne peut apercevoir s'il
a eu quelque magnificence dans le temps où
il a été construit.

Mais ce qu'il y a de plus intéressant à Vérone, ce sont les traces de l'histoire tragique et
si touchante des amours et des malheurs inouïs

de Roméo et Juliette. Je me suis fait conduire dans tous les endroits qui conservent le souvenir de ces deux infortunés amans, si dignes d'un meilleur sort. Cette fidèle et tendre Véronaise fait bien de l'honneur à son sexe. Je suis allé voir un sarcophage qui est dans le cimetière du couvent de Saint-François; tous les étrangers s'y font conduire comme en pélerinage.

On me montra dans la rue des Lions, en italien *strada dei Leoni*, une maison fort ancienne, noire et gothique, ayant de petites fenêtres en arcades, qui est celle des Capulet, parens de Juliette; on la conserve avec soin par ordre du gouvernement, et elle n'est pas habitée quoique sur l'alignement des autres maisons de la rue. Il ne reste plus rien des Montaigu, et l'on peut dire que Roméo ne vit plus que par son amante. Il faut suivre cette rue des Lions pour aller à l'ancien monastère de Saint-François; il était alors hors la ville; c'est là que Roméo et Juliette furent mariés secrètement. On traverse une place au bout de la rue, ensuite une porte voûtée, puis un pont dit des Quatre-Mauvais-Fils, dont les figures se voyent encore sculptées sur la muraille, et vers la gauche on rencontre le monastère qui fut presqu'entièrement brûlé, je ne sais à quelle époque; il n'en reste plus que les murs principaux et une porte en voûte sous laquelle il faut passer pour arriver au cimetière du couvent de Saint-François ; il est maintenant transformé en jardin fruitier et potager; mais on y conserve le tombeau qui attire la curiosité du voyageur. Il est d'une espèce de marbre veiné de rouge, de la même nature que celui des colonnes et des portiques de l'amphithéâtre ou cirque dont j'ai parlé ci-dessus. On y voit plusieurs petites ouvertures, la place où l'on mettait le cierge, et celle où la tête était posée. C'est dans ce tombeau que le frère Laurent fit déposer Juliette lorsqu'elle eut pris la potion soporifique que lui donna ce religieux, et qui la fit passer pour morte aux yeux des habitans et de sa famille, afin que Roméo qui était banni de la ville, pût venir la chercher de Mantoue où il s'était retiré; en effet en suivant le chemin vers le haut de la colline, lorsqu'on vient de Mantoue, on peut arriver au mur de ce cimetière sans entrer dans Vérone.

Permets, ma chère sœur, que passant près de ce cercueil, j'y répande quelques fleurs,

en plaçant ici cette élégie qui rappellera les
malheurs des deux amans :

C'est donc là ce tombeau dont le flanc ténébreux,
     Objet d'horreur et d'espérance,
Sous l'aile de la mort offrit sa délivrance
A Juliette en proie aux soucis amoureux !
Quels troubles, quels tourmens effrayaient sa pensée...
Mais quoi ! de son époux attendant son réveil,
Elle-même se livre à ce mortel sommeil
     Immobile et glacée.

O modèle d'amour et de fidélité !
Ce Thrace harmonieux que la douleur égare,
La lyre en main, brava des gouffres du Ténare
     L'affreuse obscurité :
Vivant il franchissait l'horreur du précipice ;
Mais rassuré lui-même au bruit de ses accords,
Tout protégeait ses pas auprès du Dieu des morts,
Qui, sensible une fois, lui rendit Euridice.

Pour toi qui n'eus d'appui que tes chastes appas,
Comme la tendre fleur par l'aquilon flétrie,
Que l'humide Vesper fait renaître à la vie,
Tu veux que ton époux te dérobe au trépas.

C'en est fait, je te vois sur le marbre étendue,
     Le front décoloré ;
Du linceul de la mort, ta beauté revêtue
N'offre plus aux regards qu'un cadavre expiré...
Que l'on regrette alors tes vertus et tes charmes !
Tes amis, tes parens sont plongés dans le deuil ;
Que de soupirs, hélas ! que de torrens de larmes
     Arrosent ton cercueil !

Retirez-vous, calmez votre douleur profonde,
La plaintive colombe a fait choix du tombeau :
Oui, Juliette est morte... est morte pour le monde,
    Et ne vit que pour Roméo.

    Quelle obscurité! quel silence!
    Du hibou seul j'entends la voix
    Qui hurle sous la voûte immense
    Où le trépas dicte ses lois.
    D'un flambeau la lueur tremblante
    Répand l'horreur et l'épouvante
    Autour de l'astre de beauté
    Qui, sur sa lèvre pâlissante,
    Porta la coupe assoupissante,
    Gage de sa fidélité...

Juliette! il revient! je l'entends, c'est lui-même;
    C'est Roméo, grands Dieux!...
Dissipe son erreur : s'il voit tout ce qu'il aime,
Sans voix, sans mouvement dans ces lugubres lieux,
Alors tout lui prouvant sa cruelle infortune,
Il va voir ton trépas dans ce fatal sommeil :
Ah! tremble, au désespoir la vie est importune;
    Détrompe-le par ton réveil!...

Vain espoir!... tout son sang assoupi dans ses veines,
    A son âme imposant des chaînes,
    Ne bat plus dans son cœur.
Son regard, où d'amour étincelait l'ardeur,
    Éteint, pâle, immobile,
    A perdu le feu des désirs;
    Sa bouche entr'ouverte et stérile
    N'est plus l'organe des soupirs.
Ces membres délicats, ce cou, ce sein d'albâtre,

Ce corps voluptueux que l'amour idolâtre,
  Est froid, inanimé :
Ce chef-d'œuvre d'attraits, temple vivant des grâces,
Où des roses naguère avaient brillé les traces,
  En marbre est transformé.

Roméo, tu la vois : ô qu'elle est chaste et belle !
Qui doit la ranimer ?... Sa tendresse fidèle,
  L'ardeur de te revoir !
Arrête : ah ! malheureux ! retiens ton désespoir ;
Cette ombre du trépas est une ombre trompeuse.
  Attends, attends à ses genoux,
Que du sommeil rompant la chaîne insidieuse
  Le temps la rende à son époux.

  Rien ne peut rallumer son âme :
  Des baisers la brûlante flamme,
  Tes larmes, tes cris, tes sanglots ;
  Ta bouche à sa bouche collée,
  Tes mains l'arrachant au repos,
  Serrant sa tête échevelée...
   Il l'appelle à grands cris,
   Entre ses bras la presse,
  Haletant d'effroi, de tendresse :
  Il veut ranimer ses esprits ;
  Dans les transports de sa détresse,
Par son souffle brûlant et d'amour et d'horreur,
Il contemple long-temps sa mortelle pâleur...
  Son désespoir enfin l'emporte ;
Pour la dernière fois admirant tant d'appas,
Avec un long soupir, précurseur du trépas,
  Il s'écrie : « Elle est morte !... »
Et la voûte répète : « Elle est morte... elle est morte ! »

Le jour alors, le jour lui devient odieux,
  Il s'abhorre lui-même !...

Quand pourra-t-il atteindre à son heure suprême ?...
Du plus subtil poison il invoque les feux...
Déjà son œil hagard peint sa douleur cruelle :
Son flanc brûle ; et bientôt ses membres refroidis,
Tordus par les douleurs, tremblans, se sont roidis :
      Il expire auprès d'elle.

Ah ! couple malheureux ! ô trop fatale erreur !
Un moment à tous deux vous eût rendu la vie ;
O ciel ! un seul instant, l'amante ensevelie
Renaissant, eût changé le trépas en bonheur !

Enfin l'heure a sonné, Juliette s'éveille :
Deux fois l'astre des nuits vint attrister ces bords
Depuis qu'en ce tombeau, vivante, elle sommeille
      Sous ces lambris des morts.

Le rêve qui flotta dans son âme éperdue
      Trouble encor ses regards.
La lueur du flambeau découvrant à sa vue
De ses nombreux aïeux les sépulcres épars...
Tremblante elle se lève et du tombeau s'élance,
Promène ses regards en ces horribles lieux...
Sur son front innocent, l'horreur et le silence
      Font dresser ses cheveux.

Elle écoute : « En ces lieux m'a-t-on abandonnée ?
» Dit-elle ; Roméo devait m'être rendu ..
» Son exil... mais que vois-je ?... un cadavre étendu ! »
D'un surcroît de terreur son âme est consternée :
De la torche funèbre empruntant le secours,
Chancelante, elle approche, et voit de ses amours
      L'affreuse destinée.

   « Grand Dieu ! c'est Roméo... c'est lui !

» Cher époux ! mon unique appui,
» Sans toi je ne voulais plus vivre ;
» Pour adoucir ton triste sort
» Dans l'exil j'ai voulu te suivre...
» Vainement j'affrontai la mort !
» Pourrais-je à présent te survivre ?
» Mon seul ami , mon seul bonheur,
» Mon âme, mon bien et ma vie,
» Hélas ! ton amante chérie
 » Va mourir de douleur.
» Ce monde, l'affreuse patrie
» De la torture et du malheur,
 » N'a plus rien qui me lie.
» Que le trépas me sera doux !
 » Je vais, je vais te suivre ;
» Juliette ne veut plus vivre
» Sans Roméo , sans son époux. »

Et soudain sur son corps, en sa faiblesse extrême,
Elle tombe, poussant de douloureux sanglots ;
L'excès de son chagrin des pleurs tarit les flots :
 Elle saisit son bien suprême,
Soulève avec effort son déplorable amant ,
  L'embrasse étroitement,
Sur sa bouche elle aspire un poison homicide ,
Couvre de ses baisers son visage livide...
La nature cédant à ces mortels transports,
De son corps épuisé brise enfin les ressorts.

Sur ces tristes tableaux ma muse gémissante,
Voulant aux curieux confier son chagrin,
Grava de ce quatrain la plainte attendrissante
 Sur le tronc d'un cyprès voisin :

« O toi qui de l'amour as connu les alarmes,

26..

> » Sensible voyageur, auprès de ce tombeau,
>   » Ne passe point sans donner quelques larmes
>   » A Juliette, à Roméo. »

L'Adige coule avec violence derrière cet ancien couvent, à cinq minutes de chemin. Sur ses bords sont des jardins et des maisons de campagne. Dans la même rue, non loin du couvent de Saint-François, se trouvent un parc et une maison assez belle qui appartiennent au comte Jean-Baptiste Gazzola des capucins; le parc s'étend presque jusqu'aux bords de l'Adige qui coule vers la gauche; derrière la façade de ce palais on aperçoit deux pins et deux sapins à la sombre verdure qui produisent un bel effet. Je m'arrête aux détails de cette maison, non pas qu'elle soit par elle-même d'une magnificence remarquable, mais c'est parce que le roi de France, actuellement Louis XVIII régnant, y fut reçu par le comte Gazzola, qui lui céda pendant quelque temps généreusement cette habitation; alors Monsieur errait d'états en états durant les affreux orages révolutionnaires qui ont coûté tant de larmes et de sang à la France.

Comme je l'ai dit, le peuple de Vérone est

poli, gracieux, affable et d'une gaîté vraiment française; les femmes y sont voilées à la manière des Génoises; elles sont très fraîches, et la plupart jolies : peut-être aussi que leur aimable et illustre compatriote prête quelques charmes aux personnes de son sexe, et qu'en considération de Juliette on a des yeux complaisans pour elles; néanmoins ce qui est certain, c'est qu'elles ont beaucoup de grâce et que leur teint est blanc et rose.

Le chemin de Vérone à Vicence est fort agréable et très fréquenté; on voit couler l'impétueux et dangereux Adige sur la droite, l'espace de quelques heures de marche. Ce fleuve s'enfle considérablement et subitement lors des fontes de neige des montagnes du Tyrol; ses eaux roulent une infinité de cailloux qui sont de la grosseur et de la forme d'un boulet de canon un peu allongé; il y en a une si grande quantité que l'on en bâtit des maisons, des murailles, et que l'on en pave les rues. Avant d'entrer à Vérone, lorsque l'on arrive de Mantoue, on en voit sur la colline des monceaux élevés de toutes parts. La navigation sur l'Adige est dangereuse à cause de l'inégalité de son lit, qui dans certains endroits n'est jamais fixe, mais mouvant; ce qui vient de l'impétuosité des tourbillons qui déplacent et transportent d'un endroit à un autre des monceaux de pierres et de graviers.

De Vérone on arrive à Vicence, très jolie ville bien peuplée, et la patrie du fameux architecte Palladio, qui l'a ornée de ses plus beaux ouvrages, et en a fait l'une des plus jolies villes de toute l'Italie. Ce genre d'architecture, comme celui de Venise, a quelque chose de plus joli, mais de beaucoup moins grave et majestueux que l'architecture de Bramante et de Michel-Ange.

La salle du théâtre olympique passe pour le chef-d'œuvre de Palladio : cet homme célèbre a construit aussi les palais Chiericati, Barbarano, Orazio-Porto, Tiene, Valmarana, Franceschini, et le palais Prefetizzio, qui sont tous dignes de la curiosité du voyageur. Ils sont ornés, ainsi que les églises, de tableaux de maîtres, dont l'un des plus remarquables est le Jugement dernier du Titien.

Dans l'église de la Couronne j'ai aussi remarqué avec grand plaisir une Adoration des mages de Paul Véronèse; à Sainte-Blaise une Flagellation du Guerchin; enfin une quantité considérable de tableaux de grands peintres italiens qui ne sont pas très connus en France, mais dont le mérite est apprécié dans leur pays.

A l'entrée de la ville il y a sur la droite un champ de Mars qui s'annonce par une belle porte d'une noble architecture, toute différente de celle de Palladio. La ville est commerçante et manufacturière; les vins, l'huile et la soie sont les richesses du pays, qui est d'une grande fertilité.

Les Vicentins paraissent beaucoup aimer les plaisirs et la dissipation; cependant leur physionomie est flegmatique, et ils semblent se divertir, par usage, plutôt que pour s'égayer l'esprit; ils sont fort peu intéressés, mais ils ont une fierté dans le caractère qui, si elle n'est un peu tempérée par la civilité, loin d'agréer aux voyageurs serait capable de les rebuter.

Par une route bordée de bocages on arrive à Padoue, ville très grande, mais d'un aspect capable de donner une tristesse d'autant plus fondée que l'on vient de visiter Vérone et Vicence, qui sont des villes très gaies et très peuplées. Padoue est un vaste désert, les herbes croissent non seulement dans les rues, sous les nombreux et hideux portiques, mais aussi jusque dans les cours et même dans les escaliers des maisons, où l'on voit courir et brouter des lapins et des chèvres.

Cependant les habitans sont civils, doux et très complaisans. Ils ne refusent pas de vous enseigner les rues et de vous guider dans l'examen des choses les plus remarquables de leur ville. Il y a plusieurs beaux édifices; mais ils se trouvent dans un tel état de délabrement, qu'ils font plus de compassion que de plaisir à voir.

Padoue est la patrie du célèbre Tite-Live, l'un des plus éloquens historiens latins, qui, à travers les éloges outrés et les dissimulations de tous les défauts et de tous les crimes du peuple romain, laisse au moins entrevoir la vérité, et permet au lecteur de penser que s'il dit tant de bien de ses concitoyens, c'est plutôt par amour de son pays que par zèle pour la vérité.

En quittant cette déserte et affligeante cité, on met trois quarts d'heure à la traverser, les portiques mal construits en plâtre, sans grâce et sans soins, dépourvus d'ornemens, s'allongent tristement sous vos regards, et l'on aspire bien long-temps à voir une des portes, car elle semble se reculer devant vous.

Enfin l'on est bien dédommagé en côtoyant la Brenta, rivière peu large et peu profonde, mais dont les bords sont pour ainsi dire parsemés de très jolies maisons de campagne, et de jardins qui appartiennent aux riches personnages vénitiens. Une grande activité règne sur les bords et sur la rivière; des barques nombreuses y transportent des marchandises dans l'intérieur du pays.

Pour arriver à Mestre, où l'on s'embarque pour aller à Venise, il semble que la route est extrêmement courte, par la diversité et l'agrément des objets qui viennent égayer vos regards.

Il faut prendre une gondole pour se rendre à Venise, qui est distante de Mestre d'environ deux lieues et demie. Lorsque l'on a passé les Lagunes, qui sont des îles séparées par des canaux où coulent les eaux de la mer, on entre dans l'Adriatique, car Venise est en pleine mer, et l'on voit au loin s'élever majestueusement de l'onde la moderne Amphitrite. Ce spectacle est admirable et d'un aspect extraordinaire; les maisons ne sont point séparées de l'onde par un espace de terrain comme lorsque l'on aborde dans une île, mais étant bâties sur pilotis, les murs semblent sortir des flots qui en baignent le pied de toutes parts.

On entre dans la ville par un grand canal ou rue d'eau de la forme d'un S, et qui divise la ville à-peu-près par le milieu. Cette rue d'eau a dans divers endroits plus de cent pieds de largeur; une infinité de petites rues ou autres canaux y aboutissent, et l'on ne peut se promener dans Venise qu'en gondoles; ce sont les seules voitures en usage, car l'eau de la mer vient battre le petit escalier des maisons et les murailles qui sont absolument dans l'onde. On n'y voit ni équipages, ni chevaux, ni mulets, tout se voiture par les bâteaux. Il existe bien quelques petites rues pavées dans l'intérieur de la ville, mais elles sont bientôt coupées par des canaux; des ponts en grand nombre font communiquer ces diverses parties de la ville.

Le plus beau pont, et qui est d'une construction admirable, c'est celui que l'on nomme *Ponte de Rialto*, sur le grand canal, et qui permet la communication de l'un à l'autre côté de Venise. Ce pont est d'une seule arche, qui a bien au moins quatre-vingt-dix

pieds d'étendue d'un côté à l'autre; on y
passe à couvert et entre deux rangs de boutiques; mais il est peu commode pour marcher et si arqué que l'on f.. obligé d'y former des espèces de de,rés pour que l'on
pût se retenir dans la .escente; du reste la
construction en est f. . belle. Les gondoles et
les bâteaux en gr. .d nombre peuvent passer
à-la-fois sous l'. .che.

Je me figu. .s, avant de les avoir vues, ces
gondoles fo. .jolies; mais quoique le petit bâ-
teau dont l'.xtrémité est armée d'une lame de
fer dentelée, soit très long et svelte, la forme
que l'on donne à la maisonnette dans laquelle se
place ou plutôt se couche sur des coussins de
maroquin noir celui qui se fait ainsi voiturer,
est peu élégante; ce qui la rend encore plus
triste, c'est qu'elle est couverte de drap noir
avec des houppes et des franges de la même
couleur: véritablement on croirait voir un cor-
billard. Les rameurs, ordinairement au nombre de deux au plus, ne se servent que d'une
seule rame chacun; l'un se place sur l'avant
et l'autre sur l'arrière; avec cette rame unique ils font filer d'une grande vitesse et très
adroitement la petite barque, comme s'ils se

servaient de gouvernail, faisant pirouetter
leur gondole dans toutes les rues d'eau qui
traversent la ville en tous sens, et qui sont
pour la plupart assez étroites. Lorsqu'ils approchent du détour d'une rue, l'un d'eux
avertit par un cri, afin que si une autre gondole arrive de l'autre côté, on prenne ses précautions pour ne pas se choquer. On ne doit
jamais passer les mains ni la tête par les
petites fenêtres qui sont de chaque côté de la
maisonnette, car on risquerait de se les faire
emporter par le fer presque tranchant qui
arme l'avant de ces gondoles, si l'on n'aper-
cevait pas à temps celles qui passent auprès
de la vôtre.

Ce qui m'a surpris, c'est que les gondoles
revêtues de drap rouge ou jaune sont celles
qui conduisent les morts, et ce sont les plus
élégantes et les plus gaies par leur aspect; je
vis passer près de la mienne une gondole richement ornée, couverte en drap rouge et
garnie de franges et de houppes rouges, je
dis à mon domestique vénitien : « C'est pro-
» bablement un personnage important de la
» ville? — Non, Monsieur, me répondit-il,
» c'est un mort que l'on conduit au lieu de

» la sépulture, qui est dans une des petites
» îles voisines de celle où est bâtie Venise. »

Les plus étendues et les principales de ces
îles, sont Malamocco, qui est grande et bien
peuplée; Torcello, Murano, Mazorbo et Bu-
rano. J'ai été visiter ces îles où l'on a établi
les deux lazarets, l'un pour la quarantaine, et
l'autre pour les pestiférés.

J'ai vu dans celle appelée Murano une
manufacture de verreries, mais dont les produits sont bien inférieurs à celles de France.
En Italie la verrerie est très peu perfectionnée, et les objets qui s'y fabriquent sont si
chers que les habitans ne peuvent pas en faire
usage quand ils ne sont pas fortunés : on ne
voit point de glaces dans les maisons ni dans
les auberges; il n'y a que les palais des grands
seigneurs qui soient ornés de quelques-unes
d'une très médiocre dimension, et en très
petit nombre. Dans les villages et même dans
plusieurs maisons des villes d'Italie, au lieu
de verres pour former les carreaux des fenêtres, on se sert de papier; les gens les plus
soigneux enduisent ces carreaux de papier
avec de l'huile, afin que la lumière puisse pénétrer plus facilement.

Il y a dans Venise une grande quantité de belles maisons que les Italiens nomment palais. Je ne puis m'empêcher de placer ici une réflexion sur l'abus du mot palais, ou plutôt sur l'exagération du langage italien, qui nomme palais ce qui ne serait à Paris qu'un très chétif hôtel. Surtout à Gènes, que l'on peut appeler la reine de l'ostentation, ce titre est accordé aux maisons de ville comme aux maisons de campagne; et les Génois vous parlent ainsi : « Ce riche Génois passe l'hiver » dans son palais de ville, et va passer la belle » saison dans son palais de campagne. »

Avant d'entrer dans Gènes, au revers méridional des Apennins, sur les bords de la Polcevera, comme avant d'arriver à Mestre près de Venise, l'on voit sur les bords de la Brenta de jolies maisons de campagne. Lorsque j'allais à Gènes, un Italien avec lequel je voyageais me parla beaucoup pendant la route de ces palais et de ces jardins, que je me figurais pour le moins aussi beaux que les Tuileries. Quand j'eus passé la Bochetta, vers le côté de Gènes, non loin de Ponte-Decimo, où devait s'opérer cette merveille, je demandai à mon Italien qui m'avait parlé de ces

palais avec une si grande emphase, où étaient
ces palais des riches Génois? il me montra
enfin une grande quantité de petites maison-
nettes peintes en rouge, en jaune, en vert,
dont plusieurs à colonnes figurées sur les murs,
comme on le fait dans nos papiers peints.
« Ce sont là, me dit-il, les palais de campa-
» gne des riches Génois. » Je ne pus m'empêcher de sourire de la méprise de mon
esprit, occasionnée par l'idée que l'on attache
en français à ce mot de palais. Je ne fus pas
moins surpris à l'aspect de ces jardins qui,
pour la plupart, n'ont pas un arpent en tota-
lité; et je dis entre mes dents : « En ce pays
» les mots sont pompeux; en France ce sont
» les choses qui sont magnifiques. »

Ainsi nos Rois diront simplement : Je passe
la mauvaise saison de l'année dans mon château des Tuileries, et la belle saison dans mon
château de Versailles. Un Génois qui possède
une petite maison en ville, et une maisonnette
peinte bizarrement, dont le jardin se trouve
souvent inondé par les eaux de la Polcevera,
sans qu'il en détourne le cours, se donnera
du palais de ville et du palais de campagne.

Lorsque l'on parle des palais de Gênes et

de Venise, ainsi que de tous ceux d'Italie, il ne faut donc pas se figurer que ce sont des habitations royales, mais ce que nous appelons à Paris de médiocres hôtels.

Venise comme Gènes possède un bon nombre de ces maisons ornées de portiques et d'escaliers de marbre, ce sont là leurs seules magnificences; car du reste les ornemens, à l'exception de quelques tableaux, sont d'une telle pauvreté, tant pour les meubles que pour les draperies, qu'on ne pourrait pas les comparer au moindre hôtel de la rue du faubourg Poissonnière, bien moins à ceux du faubourg Saint-Germain ou de la rue du Mont-Blanc à Paris.

La place Saint-Marc est ce qu'il y a de plus curieux à Venise : l'aspect de la cathédrale a quelque chose d'extraordinaire par sa vétusté. Deux rangées de galerie environnent la place, qui est dallée, et s'étendent jusqu'au bassin vers la mer; sur l'une des deux colonnes qui terminent la place du côté de la mer, est le fameux lion de Saint-Marc.

Je montai aussi à la tour carrée de St.-Marc; sur le haut de cette tour se trouve une plate-forme, au-dessus de laquelle sont suspendues uue grande quantité de cloches. C'est de cette tour que Galilée faisait ses observations astronomiques.

Ce qui m'a frappé d'étonnement, c'est que du haut de la tour voyant Venise s'étendre autour de soi, on n'aperçoit pas un seul des canaux qui, en très grand nombre, la traversent dans tous les sens, pas même le grand canal du milieu de la ville, et cependant il a jusqu'à cent pieds de largeur : les toits des maisons empêchent de les apercevoir, la vue plane sur la mer qui n'est bornée vers l'orient et le midi que par l'horizon. A quelque distance l'on distingue toutes les îles sur lesquelles de petites villes sont bâties à l'instar de Venise.

La cathédrale de Saint-Marc est du genre d'architecture gothique; l'intérieur, extrêmement sombre, est chargé d'ornemens confus. Ce sont des tableaux, des fresques, des statues; tous les murs que l'on aperçoit à peine, à cause de la multitude des ornemens, et jusqu'au plancher, sont en mosaïques : ces planchers sont inégaux, ils ressemblent aux ondulations de la mer, soit que des secousses de tremblement de terre les aient rendus tels, ou que bâtis, sur pilotis, les différentes parties du terrain aient cédé à la pression qu'on leur a fait éprouver. C'est un phénomène que les Vénitiens ne manquent pas de vous faire remarquer, et auquel ils mettent tant d'importance, qu'ils le considèrent comme une espèce de miracle : en effet, ces planchers ressemblent à la surface des eaux de la mer sur laquelle Venise est bâtie.

Derrière le maître-autel il y a une chapelle ornée de quatre colonnes d'un albâtre tellement transparent, que l'on aperçoit un cierge allumé à travers l'épaisseur de ces colonnes ; elles ont été apportées de Constantinople, et prises par les Vénitiens dans l'église de Sainte-Sophie : cette église de Constantinople est transformée en mosquée depuis quatre cents ans, époque où Mahomet II s'en empara.

L'une des églises la plus remarquable après la cathédrale, est celle dite de Notre-Dame-de-la-Rotonde ; elle est bâtie sur l'emplacement d'un ancien hôpital. La peste répandait ses ravages dans ce lieu de douleurs et menaçait la ville entière ; les Vénitiens firent le vœu à la Sainte-Vierge d'élever, à cette place même, un temple magnifique qui porterait son nom, si elle obtenait de Dieu que le fléau s'éteignît. Il paraît que les vœux et les prières des habitans furent exaucés d'une manière si subite, qu'elle fut considérée comme miraculeuse; et aussitôt toute la ville contribua à élever cette magnifique rotonde, dont le dôme est presque de la hauteur de celui des invalides à Paris; il est doré et peint à fresque; les parois de cette église sont en marbre de diverses couleurs, et le plancher dallé en mosaïques de marbres variés, à dessins réguliers. Les Vénitiens ont la plus grande vénération pour ce monument, qu'ils considèrent à présent comme un préservatif contre ce fléau; car Venise y est d'autant plus exposée, que l'étendue de son commerce pourrait en rendre l'accès plus facile.

Je ne te parlerai pas des autres églises, qui ont néanmoins presque toutes de la magnificence par leurs somptueux ornemens : il ne s'y trouve rien de bien remarquable, sous le rapport de l'intérêt qu'elles peuvent inspirer.

Les chevaux de bronze doré, ouvrage de Lisippe, que les Vénitiens et les Français avaient conquis dans la Grèce au treizième

27..

siècle, et qui étaient échus en partage aux Vénitiens, sont replacés à la façade de l'église Saint-Marc, après avoir été vus à Paris sur l'arc de triomphe qui forme la porte de la cour des Tuileries.

Non loin de la cathédrale se trouve le palais de justice qui n'a rien de remarquable, si ce n'est la cour intérieure où l'on a creusé deux vastes puits dont les margelles sont en bronze. L'intérieur, qui a vingt pieds de profondeur, est en granit; ces puits servent à approvisionner la ville d'eau douce; je les ai vus à sec, et ils y sont souvent, car ils ne reçoivent que les eaux des pluies qui y sont conduites de tous les bâtimens environnans par des tuyaux de plomb; ainsi Venise, quoique bâtie sur l'onde dont elle est environnée de tous côtés, pourrait voir ses habitans périr de soif, si ces réservoirs, très peu considérables pour la nombreuse population, ne servaient dans un cas urgent, tel qu'un siége ou un blocus, à prévenir ce malheur. L'usage habituel est de transporter de l'eau douce de Mestre et autres lieux de terre ferme, sur des bâteaux remplis de tonnes fort grandes; on entend, pendant le jour, sur ces silencieux canaux, les cris des marchands qui traînent leurs voix en prononçant le mot *aqua* : ce qui n'interrompt le silence qui règne dans la ville que d'une manière fort peu agréable.

Je fis réflexion que lorsque les Espagnols s'emparèrent de la ville de Mexique, bâtie sur un lac d'eau salée, et par conséquent dans la même position que Venise, ils trouvèrent un superbe aqueduc à double rang de galerie qui transportait les eaux douces des montagnes de Chapultépèque jusque dans Mexique, où cette eau se partageait par des conduits souterrains dans les diverses fontaines de la ville, et dans toutes celles qui environnaient Mexique : ainsi les Mexic..., en cela, avaient surpassé les Vénitiens; je m'étonne même que depuis cet exemple ils n'aient point encore eu l'idée de construire un semblable aqueduc, car Venise n'est qu'à deux lieues et demie de la terre ferme.

Ce que j'ai vu et parcouru avec le plus de curiosité, c'est le vaste arsenal de marine, le chantier de construction, le profond bassin, où l'on peut faire entrer et lancer des frégates et des vaisseaux de ligne; la corderie, les armes de divers siècles, le premier canon

ou mortier à bombe qui fut fait et éprouvé;
il est en cuir, de l'épaisseur de trois pouces,
long de deux pieds et demi. Plusieurs ar-
mures de structure singulière; enfin les diverses espèces de vaisseaux anciens et modernes, qui, quoique réduits à une petite dimension, sont composés d'autant de pièces que s'ils
avaient leur grandeur ordinaire.

Dans le chantier de construction, plusieurs
vaisseaux de ligne que les Français firent construire pendant le temps qu'ils étaient maîtres
de cette ville, sont demeurés, privés de leurs
agrès, sur les charpentes de construction; les
Autrichiens qui ont transféré le commerce de
Venise à leur port de Trieste, se gardent
bien de les faire achever; cette négligence
politique indispose les Vénitiens contr'eux,
et en même temps leur fait regretter la domination des Français qui avaient travaillé à
rendre leur marine formidable afin de la re-
placer dans tout son ancien éclat.

Ce qui manque à toutes les villes d'Italie, et
à plus forte raison à Venise, qui, par sa position sur la mer, avait toujours été privée de
ce genre d'agrément, c'est un jardin public
où la population puisse récréer sa vue de

l'agréable et réjouissant aspect de la verdure. Les Français, pendant les guerres d'Italie, ont construit sur le bord de la mer, à l'une des extrémités de la ville, un jardin d'une assez vaste étendue, bien planté d'arbres; on y a établi un café, et ce souvenir qu'ont laissé les Français à Venise, ne s'efface pas de la mémoire des Vénitiens; ils en ont grande obligation à la nation française, qui leur a donné cette facilité de chasser la tristesse qu'inspirent ces monotones canaux, et l'aspect fatigant des maisons dont on ne peut sortir et que l'on ne peut aborder qu'avec une gondole; l'entretien d'une gondole, sans être très coûteux, ne laisse pas d'être hors de la puissance pécuniaire d'une foule d'habitans. Du moins, les Vénitiens de toutes les classes, peuvent, au moyen de ce jardin, qui ne déparerait pas nos plus belles villes de France, se promener et récréer leur imagination attristée par leur situation et les brumes qui naissent de la mer; ils répètent sans cesse que c'est aux Français qu'ils doivent ce genre d'agrément, et qu'ils en conserveront une reconnaissance éternelle.

La plus belle rue de Venise, qui aboutit à

la pleine mer des deux côtés, et fait face à l'entrée de ce jardin, est large de quarante pieds ; elle est bien pavée et traverse d'un bout à l'autre cette extrémité de la ville : c'est encore un des ouvrages des troupes françaises.

La domination française est regrettée dans presque toute l'Italie : c'est parmi les dominations étrangères la plus douce, et surtout la plus profitable au bien des nations ; car les Français, en parcourant l'Italie, ont laissé partout des traces de leur supériorité et de l'intérêt qu'ils prenaient au bonheur et à la prospérité du pays. Les routes les plus belles, qui facilitent la communication dans les endroits du plus difficile accès ; des marais desséchés, des monumens réparés, le peuple excité à l'activité, au travail, à l'industrie ; les lacs arrêtés dans de justes bornes ; les entrailles de la terre creusées pour en extraire les monumens les plus curieux : tels sont les travaux des Français. Ils avaient partout rétabli l'ordre et la discipline, assuré la domination des lois, arrêté le brigandage sur les grands chemins ; aussi les Italiens nous conservent dans leur souvenir : on ne trouve, dans presque

toute l'Italie, que des gens attentifs à vos
ordres, soumis, respectueux, et pour peu
qu'on ait de générosité, on se voit baiser les
mains et accabler des complimens les plus
flatteurs. Ils sentent d'autant mieux la différence qu'il y a entre la domination française
et celle des autres peuples, qu'ils sont à présent sous le joug autrichien; le caractère de
cette nation n'est pas compatible avec l'humeur italienne : l'Autriche ne fait rien pour
le bien du peuple italien; elle lève des im-
pôts et emporte tout, sans faire nulle dépense
sur les lieux; les officiers allemands ne font
point de fracas, ils vivent entr'eux retirés, et
les approvisionnemens de toute espèce sont
apportés de l'Autriche pour l'entretien des
troupes, ce qui fait le plus grand tort aux
habitans du pays.

Les Français, au contraire, faisaient de
grandes dépenses sur les lieux; les jeux, les
fêtes qu'ils recevaient et rendaient, donnaient
de la circulation à l'argent; et selon le dicton
italien, que j'ai souvent entendu répéter dans
le cours de mes voyages : *Oh! les braves
Français, s'ils prenaient d'une main ils jetaient de l'autre.* Les Allemands prennent

peut-être moins, mais ils gardent tout ce qu'ils prennent. Enfin le Français qui voyage en Italie sent adoucir ses peines et ses fatigues par l'accueil que les Italiens lui font : il se voit estimé, choyé, honoré, et je puis dire même admiré par la haute idée que ces bonnes gens ont conçue du beau pays de France, de la générosité et de la noble et agréable humeur des Français.

Le peuple italien est en général assez triste, très réservé, d'une circonspection qui va jusqu'à la timidité; ils aiment d'autant plus le caractère français qu'il est en opposition avec le leur sans cependant les choquer, et qu'au lieu de produire sur eux un contraste désagréable, la franchise, la gaîté, la générosité et le désintéressement qui font la base du caractère français, excitent le cœur sensible de l'Italien sans choquer sa fierté, et le portent à une reconnaissance qui va souvent à l'admiration et toujours à la tendresse. Je puis certifier la vérité de ces observations, car j'en ai eu de nombreuses preuves.

Nous avons de la nation italienne une idée si fausse, d'après les ouvrages et les relations romanesques ou romantiques d'écrivains qui

se sont contentés de rêver, au lieu d'aller voir
sur les lieux et d'éprouver le caractère et les
mœurs des Italiens, que nous nous figurons,
ou du moins ceux qui ont lu ces romans,
qu'en Italie tous les habitans, hommes et
femmes, ne pensent qu'aux arts, à la musique, à la peinture, enfin à tous les agrémens
de la vie ; on est bien étonné lorsqu'on se
trouve dans ces villes d'Italie, qui n'ont ni
l'activité, ni la somptuosité, ni les délasse-
mens qu'on voit dans les villes de France.
Mais il faut les entendre eux-mêmes : quelle
haute idée ils ont de la France! Ils disent que
c'est un pays de merveille; que les amusemens, les talens, la science, la probité et la
bravoure sont tous retirés en France : il est
vrai qu'en cela ils exagèrent; mais ils ne sont
pas si éloignés de la vérité en ayant ces idées
de notre pays, que ceux qui, jugeant de l'Italie
sur les romans que plusieurs gens d'esprit
ont publiés, ne sont abusés sur la véritable
situation de ce pays, sur les dispositions in-
tellectuelles de ses habitans, et sur leur incli-
nation soi-disant innée pour les arts.

Parmi la foule d'idées fausses que l'on a
données sur l'Italie, on a souvent attribué à la

douceur du climat cette propension que les
Italiens ont la réputation, si ce n'est de pos-
séder encore (car il n'en reste que les ouvrages), au moins d'avoir eu autrefois pour les
arts; il n'est rien de plus erroné : le climat
de l'Italie, loin d'être doux comme on se
l'imagine, est au contraire très âpre, soit pour
les froids, soit pour les chaleurs; ceux qui
ont habité ou parcouru des pays montagneux
en concevront les effets puisqu'ils en connaissent les causes; une chaleur brûlante est soudain suivie à quelques heures d'intervalle
d'un froid très vif; car tandis que dans la
plaine il tombe une pluie orageuse, les sommets des montagnes sont blanchis souvent par
d'abondantes neiges ; les vents qui passent
sur ces glaciers perpétuels et qui soufflent au
loin, produisent souvent un froid vif et inat-
tendu au milieu de la saison la plus chaude.
Il faut être habitué à ces passages subits du
chaud au froid, et des frimas à la chaleur
ardente du soleil, pour ne pas en être, je ne
dirai pas incommodé, mais bien plus souvent
tué dans très peu de temps. Il règne à Rome,
surtout pendant les mois de juillet, août et
septembre, c'est-à-dire, pendant la saison la

plus chaude, un vent terrible que les habitans
appellent *sirocco*. Ce vent qui souffle par intervalle, est mortel; et dans moins de quarante-huit heures, l'homme le plus robuste,
qui a été en butte à ses atteintes, succombe
au mal infailliblement : dans les convulsions
que lui font éprouver la maladie, la voix du
moribond forme un son qui est le nom même
que l'on a donné à ce mal cruel, c'est-à-dire
sirocco; il ne peut articuler que cette parole,
et les remèdes sont impuissans contre ce fléau.
Ce vent part du midi; il est mêlé de pluie,
et souffle avec une grande impétuosité et un
sifflement terrible. A Venise il n'est point
dangereux comme à Rome; car un jour que
je me promenais en gondole, il commença à
souffler, mêlé de pluies, et j'entendis alors
un des gondoliers qui prononça ce mot de
Sirocco, pour désigner l'ouragan qui nous
assaillait; je l'interrogeai : il me répondit qu'à
Venise il n'avait aucun effet dangereux.
D'autres maladies pestilentielles règnent en
Italie, et surtout à Rome et aux environs,
pendant les mois les plus chauds de l'été. L'hiver est souvent très rigoureux en cette contrée,
si ce n'est dans les pays plats de la Lombardie

les plus distans des Apennins ou des Alpes; le climat y est très dur, et l'air qu'on y respire bien moins suave qu'en France. Le Piémont et plusieurs parties de la Toscane éprouvent des froids excessifs; il y a toujours quatre ou cinq degrés de froid de plus qu'en France, à cause de la proximité des hautes montagnes des Alpes et des Apennins.

Ainsi l'on ne doit point attribuer au climat ce qui n'est que l'effet des institutions politiques. Que l'on compare l'Italie actuelle et l'Italie sous les papes Léon X et Jules II, ainsi que sous l'influence des ducs de Ferrare, et l'on verra que si les grands poëtes, les peintres, les architectes, les musiciens, enfin les savans de tout genre, ont été si nombreux dans ces siècles créateurs de tant de chefs-d'œuvre, ce n'est ni le climat, ni le sol qui en ont été la cause; mais plutôt la protection, les honneurs et les richesses que leur prodiguaient les chefs de l'état; ce sont là réellement les raisons qui en ont multiplié le nombre à un point presque incroyable.

La France, par sa position sur le globe, est un pays dont l'air est bien plus tempéré que ne l'est celui d'Italie; et certes elle est plus fa-

vorable aux travaux de l'esprit que les pays
trop froids ou trop chauds. En effet, notre
belle France n'a-t-elle pas plus brillé sous les
règnes de François Ier., de Louis XIV, par
les hommes illustres qu'elle a enfantés alors,
que sous les malheureux règnes des dissen-
sions civiles et des envahissemens de l'étranger? Ainsi l'Italie n'a produit tant de chefs-
d'œuvre que parce que les papes et les grands
princes ont encouragé et protégé les arts. Ces
productions du génie de la peinture et de
l'architecture, de la poésie et de la musique,
ne sont si touchantes, si variées, si naturelles
et si sublimes, que parce que l'esprit qui les a
inspirées est lui-même plein de vérité, touchant et sublime, ayant des vues universelles
qui suscitent les grandes pensées; c'est enfin
l'esprit religieux du christianisme qui a en-
fanté tous ces chefs-d'œuvre.

Les sculpteurs italiens, dans ces temps illustres, ne se sont pas amusés à reproduire,
par des copies toujours inférieures aux modèles, des Jupiter, des Apollon, des Vénus, et
toute la légion des divinités de la Grèce et de
Rome, mais les grands hommes de leur nation, ou les saints personnages du monde

chrétien. Leur littérature ne rappelle pas dans les pièces de théâtre, dans les poëmes, dans les odes, tous les grands hommes du paganisme, mais bien tous les héros du christianisme et les hauts faits qui les ont illustrés. Voilà l'esprit des arts en Italie, et le but que se sont proposé les artistes de cette contrée; mais non pas celui qui nous porte à admirer, et pour ainsi dire à adorer toutes les idoles des païens, leurs dieux, leurs personnes et leurs mœurs. Les Italiens se sont servi des belles productions de l'antiquité, mais pour les surpasser de bien loin, en y adaptant notre religion, nos mœurs et les sublimes connaissances politiques et morales des peuples modernes.

Malheureusement on est bien éloigné de ce système en France, depuis que, pour être réputé bel esprit, il faut être incrédule et moqueur, afin de suivre les traces de Voltaire, patriarche de la philosophie moderne; de cette fausse idole dont le culte égare la raison, dessèche le cœur, et loin d'agrandir et d'élever l'esprit, le ravale aux sensations de la brute qui ne reconnaît que la vie animale pour existence, les plaisirs des sens pour félicité suprême, et

l'intérêt pour divinité. Que peut-on produire
de grand, de touchant, de généreux, lorsqu'on ne puise dans cette doctrine infâme qui
dégrade l'homme, que des connaissances fausses de la nature divine, aussi bien que de celle
de l'homme et de sa destination? Oh! la religion catholique parle à l'esprit, au cœur et
à l'imagination : tout l'homme, tel que Dieu
l'a créé, âme, intelligence et organes, tout
l'homme, dis-je, est mis en action par cette
croyance; il se développe, il s'agrandit en
contemplant les vérités du christianisme; il
n'est plus cet enfant déshérité du ciel, précipité au hasard sur une terre de souffrances et
de désespoir; mais un enfant châtié, dont les
espérances font naître en son âme des sentimens dignes de sa céleste patrie; car la patience élève son courage, l'humanité adoucit
ses mœurs en attendrissant son cœur, et le
désintéressement orne son âme d'une subli-
mité généreuse.

Que l'on compare les maximes de la fausse
philosophie du dix-huitième siècle, et celles
de l'Évangile, et l'on verra que pendant que
celui-ci forme les grands esprits, les courages
sublimes et des êtres d'une vertu à toute

épreuve, celle-là ne produit que des égoïstes enflés d'orgueil, déguisés sous le nom de philanthropes, et des philosophes qui sont plus amateurs de satisfaire leurs penchans déréglés, que de suivre les préceptes de la véritable sagesse.

La religion chrétienne, comme la professe l'église romaine, est la mère de la poésie, de l'éloquence, de la peinture, de la sculpture, de la musique et de l'architecture. La fausse philosophie moderne les proscrit avec dédain, n'admettant que ce qui parle à la raison, ou plutôt, ce qui est susceptible d'être froidement raisonné, et pour tout dire en un mot, les matières sur lesquelles on déraisonne philosophiquement; elle éteint donc l'imagination de l'homme, lui enlève pour ainsi dire l'âme de cette vie terrestre, puisque cette portion de sa nature intelligente, l'imagination, est un don que le ciel a fait à l'homme pour l'élever à contempler et à admirer tous les chefs-d'œuvre de la création, et à en reproduire les effets, les images et même les prestiges, avec ces inventions consolantes que nous avons nommées les arts.

Est-ce donc bien le *siècle des lumières*

que le siècle de cette bavarde radoteuse appelée philosophie, qui voulut, de ses ciseaux
géométriques, couper les ailes à tous les arts?
Pour moi, j'ai vu les productions des siècles
que ces messieurs appellent de l'ignorance et
de la superstition; notre postérité verra les
leurs, et après les avoir comparées avec celles
de ces temps de *ténèbres*, selon eux, elle ju-
gera et prononcera sur la supériorité de l'un
ou de l'autre siècle; et, sans être prophète, je
puis bien certifier que les dédaignés seront les
maîtres, et que les pédans philosophes seront
les pitoyables et les ridicules : la postérité a
déjà commencé pour eux.

Mais je ne veux pas trop m'échauffer sur ce
sujet, car je deviendrais trop long; j'ai l'esprit
tellement plein des chefs-d'œuvre de l'Italie
aux siècles de cette prétendue superstition et
ignorance, que ma bile s'échauffe en pensant
que de sots raisonneurs, de petits pédans con-
jurés, ont eu l'impudence de chercher à profaner par le ridicule ces temps de lumières et
de génie. Tous leurs plats raisonnemens et leur
inepte vanité s'évaporent, lorsque l'on contemple à quel degré d'élévation morale la religion catholique peut faire atteindre la race

28..

humaine; quels artistes elle a fait naître, quels héros intrépides elle a formés, quelles conceptions sublimes elle inspire.

Venise est aussi, comme toutes les villes d'Italie, le théâtre des plus riches monumens des arts qui furent inspirés et enfantés par l'esprit religieux de ces temps de zèle; les églises, qui y sont en grand nombre, sont remplies de tableaux, de sculptures en marbre, en albâtre, rouge antique, vert antique, porphyre, lapislazzuli, enfin de tout ce que les entrailles de la terre fournissent à l'homme de plus précieux; les marbres, l'or, l'argent, l'ivoire, y sont prodigués avec une profusion singulière, mais avec un goût moins sûr et une moins grande majesté que dans les monumens de la moderne Rome.

En général l'architecture de Palladio n'a pas tant de grandeur et de simplicité majestueuse que celle de Bramante, et surtout de Michel-Ange; Palladio prodigue sans mesure les formes rondes et ovales; les arcades, fenêtres, portiques et galeries en sont contournés avec plus de gentillesse et d'élégance que de beauté noble et grave.

Les Vénitiens sont assez gais; les femmes y

sont très favorables aux étrangers ; je ne trouve pas qu'elles aient assez de réserve, et surtout de décence dans leurs costumes ; on peut dire que les yeux sont trop satisfaits pour que l'imagination puisse désirer quelque chose ; enfin je n'ose pas dire dans quel endroit de Paris on rencontre des femmes si librement habillées : d'après cela, tu me devineras sans peine. Au reste elles ont de beaux traits, la peau très blanche et beaucoup d'embonpoint. Il est du bon ton, aux hommes comme aux femmes, de parcourir pendant la nuit les cafés de la ville pour y retrouver leurs amis, et de s'asseoir, soit dans l'intérieur du café, soit à l'extérieur ; ceci n'exclut point les assemblées chez les riches particuliers ; les femmes jouissent d'une grande liberté, et je ne trouve pas du tout fondée cette observation que l'on donne comme certaine, que les Italiens sont plus jaloux que les autres peuples ; tout prouve au contraire qu'ils sont au moins aussi raisonnables que nous sur ce point si délicat. Enfin chaque pays a ses mœurs, son langage et son costume ; et je ne prétends pas que sur les habitudes et sur l'habit on juge de la vertu des femmes.

Les cafés sont pleins pendant toutes les nuits à Venise ; on y fait le plus de bruit que l'on peut ; mais du moins ce fracas est supportable, car la ville est bien plus vaste que Vérone et Vicence ; et d'ailleurs la tranquillité et le silence règnent sur les canaux qui traversent la ville et font un ample contre-poids, car pendant le jour Venise est d'une tristesse sans égale.

En ce moment où j'écris, je jouis du spectacle d'un bel orage ; le tonnerre gronde, les flots de pluie font bouillonner la surface des eaux de la mer ; le grand canal, que j'observe, a toujours la même tranquillité ; il paraît que les vagues de la mer se font très peu sentir dans Venise. A trois lieues en mer on a bâti une immense digue ou muraille, comme un rempart contre les assauts trop fougueux des flots ; aussi, en général, Venise est à l'abri des violentes secousses de l'onde.

Je ne dois pas omettre de te parler du muséum de Venise ; je l'ai parcouru avec d'autant plus de plaisir que j'y ai trouvé un tableau du Titien qui est inconnu en France, et dont la beauté égale les plus beaux tableaux de Raphaël : je ne le trouve pas beaucoup inférieur à son tableau de la Transfiguration; le coloris en est plus brillant, mais le dessin peut-être moins correct; ce magnifique tableau du Titien est celui de l'*Assomption de la Vierge*. Les traits sublimes de la mère du Christ sont d'une simplicité majestueuse. Le coloris est d'une vigueur si éclatante que les yeux en sont presque éblouis; les draperies qui composent le vêtement de la Vierge sont tellement vives et brillantes, qu'il semble qu'elles viennent d'être peintes récemment. Elles sont de couleur rouge et bleu d'azur; les ombres sont fortement exprimées, même sur la face de la Vierge, ce qui lui donne un air mâle, qui n'exclut ni la beauté ni la grâce. Toute la figure en pied semble monter au ciel; elle est au dessus de la tête des spectateurs qui, les yeux élevés, la suivent de leurs regards avec une admiration mêlée d'une sainte épouvante. Des figures de chérubins ailés sont dispersées dans le ciel du tableau; un groupe de ces esprits célestes forme un char vivant sous les pieds de la Vierge; mais ce que j'ai trouvé de plus extraordinaire dans l'effet des couleurs, c'est le fond du tableau, que plusieurs peintres de l'école moderne française veulent rendre toujours grisâtre, pour faire, à ce qu'ils pensent, valoir les figures. Qui le croirait? Toute la personne de la Vierge est environnée d'une gloire aussi brillante que l'or, semblable à un soleil dans le milieu de sa course journalière; cependant la Vierge se détache de ce fond ardent, à un tel point, qu'elle semble être en relief et ne point tenir à la toile. Il n'est donc point du tout nécessaire à *l'effet*, de rendre le fond du tableau grisâtre et fade pour faire valoir les figures; c'est une erreur du peintre David, qui, heureusement pour l'École française, n'a point porté atteinte au beau talent de M. Gros, qui joint à la magie de son coloris vigoureux, l'art suprême d'animer ses figures d'une passion si vive, si naturelle et si touchante; les fresques magnifiques qu'il vient d'exécuter à la coupole de Sainte-Geneviève à Paris, en sont une nouvelle preuve, et en mettant le comble à sa renommée, nous font espérer qu'il ornera encore d'autres églises des productions de son génie. M. Girodet, malgré la pureté et la délicatesse de son pinceau, n'est point tombé dans cette faute, non plus que M. Horace Vernet, dans la fécondité de ses compositions; la main habile et assurée de M. Mauzaise ne s'est point égarée dans cette imperfection qui refroidit l'âme du spectateur; non plus que celle de M. Abel de Pujol, à qui nous devons, outre ses tableaux d'une si noble expression, plusieurs belles fresques, et en particulier celle qu'il vient d'exécuter dans l'église de Saint-Sulpice; mais cet ouvrage, digne des plus grands éloges, réclame des encadremens somptueux pour paraître ce qu'il vaut réellement; car en Italie les fresques, l'un des plus beaux ornemens des églises, sont environnées de dorures; la blancheur des stucs en fait ressortir l'éclat; les autels qui reposent sous ces demeures magnifiques, sont surchargés d'emblêmes tout rayonnant de la splendeur des métaux les plus précieux; enfin si M. Abel de Pujol a rempli, dans cette composition, les devoirs et fait éclater tous les talens d'un habile artiste, il reste au public, ou à l'État, l'obligation d'orner cette chapelle avec magnificence; car c'est la plus flatteuse récompense due au mérite.

Le beau tableau de l'Assomption, du Titien, a été retrouvé, il y a fort peu de temps, à la sacristie d'une église de Venise, dans un état de malpropreté tel, que les Français, lorsqu'ils en ont enlevé, par droit de conquête, un grand nombre à l'Italie, ne l'avaient pas jugé digne d'être transporté à Paris; mais les Vénitiens l'on fait nettoyer et réparer, et aujourd'hui l'on peut dire qu'il n'existe pas dans l'univers, un tableau qui lui soit supérieur: il a environ quinze pieds de hauteur sur huit de largeur à-peu-près; du moins il m'a paru tel, je ne l'ai pas mesuré. L'imagination s'échauffe à un point si extraordinaire en le contemplant, que l'on ne peut se déterminer, pour ainsi dire, à le quitter; et qu'après plus d'une heure et demie d'admiration, je lui ai fait mes adieux avec un vif regret de ne pouvoir pas demeurer plus long-temps pour l'admirer encore.

Il y a dans ce muséum d'autres tableaux de maîtres; mais ils sont éclipsés, annulés entièrement par ce chef-d'œuvre du Titien. Ce peintre célèbre a sa sépulture dans une des églises de Venise.

Voici, ma chère sœur, ce qui dans le cours de mon voyage de Rome à Venise, par le chemin que je t'ai décrit, a frappé mes regards et exercé mon esprit. La nature et l'art semblent se disputer la prééminence dans l'imagination étonnée; enfin l'on peut dire que si l'Italie n'est pas un pays aussi agréable à habiter que la France, cette illustre contrée du monde est la plus curieuse à parcourir, et excite, à juste titre, le plus vif intérêt et l'admiration du voyageur.

La position extraordinaire de la plupart des villes qui peuplent cette contrée, anime sans cesse la curiosité du voyageur; les unes sont bâties en amphithéâtre sur les flancs des montagnes, d'autres creusées dans le sein des rochers, d'autres assises dans le cratère des volcans ou sur la crête des monts les plus élevés; enfin cette belle et merveilleuse cité où je me trouve en ce moment est le chef-d'œuvre de l'invention audacieuse de l'homme : assurément un peuple qui, semblable à l'Alcyon, bâtit sa demeure au milieu des flots en bravant leur fureur; ce peuple qui, après avoir assuré par des remparts gigantesques son nid immense et merveilleux, le décore paisiblement des plus magnifiques ouvrages de l'art, doit être regardé, non seulement avec la plus vive curiosité, mais de plus, avec respect et admiration. Le Vénitien est comme le Neptune de la fable, qui, sur une conque fragile, commande d'un air calme mais impérieux au courroux tumultueux des ondes.

Je vais me rembarquer bientôt, et je t'écrirai de Genève. Je m'arrêterai un peu à Milan, capitale de la Lombardie.

Mille complimens à tous nos amis.

TON FRÈRE.

TABLE INDICATIVE.

TABLE INDICATIVE

DES VILLES REMARQUABLES, ET DES CURIOSITÉS QUI SE
TROUVENT DANS CES VILLES ET SUR LA ROUTE DE
ROME A VENISE.

VIe. LETTRE. — VENISE.

A.

B.

H.

J.

L.

M.

Pages

N.

O.

R.

FIN DE LA TABLE INDICATIVE.

TABLE ITINÉRAIRE.

TABLE ITINÉRAIRE

DES VILLES, BOURGS, VILLAGES, HAMEAUX QUI SE
RENCONTRENT SUR LA ROUTE DE ROME A VENISE PAR
ANCÔNE ET FERRARE.

———◆———

ROME................ Ville capitale.
LA STORTA........... Trois maisons, auberge et
                   relais.
BACANO............. Hameau et relais.
SETTE VENE.......... Hameau sur la droite.
MONTEROSI.......... Médiocre auberge, relais.

Ici l'on quitte la route de Rome à Florence, et l'on
prend sur la droite la route de Lorette, qui se trouve
indiquée par un petit monument en pierre.

NEPI................ Ville et relais.
CIVITA CASTELLANA...... Ville et relais.
BORGHETTO.......... .. Hameau et relais.

Ici l'on quitte les campagnes de Rome pour entrer
dans l'Umbrie.

MAGLIANO........... Ville.
OTRICOLI............ Village et relais.
NARNI.............. Ville et relais.
COLLISEPOLI vers la droite. Hameau sur le flanc de la
                   montagne.

TERNI................. Ville et relais.

STRELTURA............. Hameau et relais.

SPOLETO.............. Ville et relais.

VENE................. Hameau et relais.

SAN GIACOMO.......... Hameau.

FOLIGNO.............. Ville et relais.

CASE-NUOVE........... Hameau sans ressources,
                      relais.

SERRAVALE, défilé....... Hameau sans ressources,
                      relais.

Il faut se hâter de passer le défilé de Serravale, à cause des avalanches et de la rencontre des voitures. Depuis Foligno jusqu'à Tolentino, on ne trouve point d'auberges ni de vivres. On entre dans la marche d'Ancône en quittant l'Umbrie.

PONTE-ALLA-TRAVE....... Quelques chaumières, re-
                       lais.

VALCIMARD............ Quelques chaumières, re-
                      lais.

BELFORTE............. Village.

TALENTINO............ Ville et relais.

MACERATA............. Ville et relais.

Par un temps bien clair, on aperçoit de la hauteur de Macerata les ondes de la mer Adriatique.

RIGNANO.............. Hameau et relais.

SAMBUCHETTO.......... Hameau et relais.

RECANATI............. Ville sur la cime d'une
                      montagne.

LORETTO............... Ville de pélerinage, relais.
CAMURANO............. Village et relais.
ANCÔNE................ Ville et port de mer, re-
relais.

Ici l'on côtoye les bords de la mer Adriatique sur une route très belle : vers la droite, les flots de la mer viennent se briser ; on ne quitte plus le rivage qu'un peu avant d'arriver à Rimini.

CASE BRUGIATE.......... Quelques maisons, relais.

Ici l'on quitte la marche d'Ancône pour entrer dans le duché d'Urbin.

SINAGAGLIA............ Jolie ville et port de mer, relais.

Pour entrer dans Fano, il est nécessaire de traverser à gué, d'abord la rivière de Cesano, puis le torrent impétueux du Metauro ; quand ce dernier est enflé par les pluies, on ne doit s'y engager qu'avec précaution, à cause du voisinage de la mer où il vous entraînerait.

FANO.................. Ville et relais.

En sortant de Fano, on traverse à gué encore une branche peu considérable du Métauro.

PESARO................ Ville et relais.

En sortant de Pesaro, on traverse à gué la Foglia,

qui entre dans la mer tout auprès de la route ; ce passage n'est ni long, ni dangereux ; puis, avant d'entrer à Catolica, un autre petit torrent.

CATOLICA. . . . . Village et relais.

Ici l'on quitte le duché d'Urbin pour entrer dans la Romagne. En descendant de Catolica, il faut traverser à gué le vaste torrent de la Conca, qui se divise en trois branches ; lorsqu'il est enflé par les pluies, il ne faut pas s'y hasarder, car ces trois passages forment ensemble près d'une lieue de largeur, et les eaux sont profondes en certains endroits : il est nécessaire de prendre un guide, même dans les eaux basses.

ARIENE. . . . . Hameau.
SAN GAUDENZO. . . . . Hameau.

Ici l'on quitte les bords de la mer Adriatique.

RIMINI. . . . . Ville et relais.
SAVIGNANO. . . . . Village et relais.
CESENA. . . . . Ville et relais.
FORLIMPOPOLI. . . . . Village.
FORLI. . . . . Ville et relais.
FAENZA. . . . . Ville et relais.
BOLOGNEZE. . . . . Village.
IMOLA. . . . . Ville et relais.
TOSCANELLA. . . . . Hameau.
SAN PIETRO. . . . . Village.

Ici l'on quitte la Romagne pour entrer dans le Bolonais.

SAN NICOLO.............	Hameau et relais.
SAN LASARO...........	Hameau.
BOLOGNA..............	Ville et relais.
SAMOGIA..............	Quelques maisons; auberge et relais.
CASTEL-FRANCO........	Village, forteresse démolie; relais.

Ici l'on quitte les états de l'Église pour entrer dans le duché de Modène, doubles douanes.

MODENA...............	Ville capitale du duché, relais.
BUONPORTO............	Quelques maisons.
COLLEGIGIO...........	Village.
FINALE...............	Village et relais.

Ici l'on quitte le duché de Modène pour entrer dans le duché de Ferrare, doubles douanes.

DONDENO..............	Village et relais.
FERRARA..............	Village, capitale du duché, relais.

A quelque distance de Ferrare on traverse le Pô et l'on suit la rive de ce fleuve jusqu'à Governolo. Passé le Pô, l'on quitte le duché de Ferrare pour entrer dans la Lombardie, doubles douanes.

MASSA................	Village et relais.

MELLARA.................. Hameau.

OSTIGLIA................. Village et relais.

SUSTINENTE.............. Village.

GOVERNOLO............. Village et relais.

MANTOUE................ Ville et relais.

ROVERBELLA............ Village et relais.

VILLA-FRANCA.......... Village et relais.

DOSSOBONA............. Hameau.

VÉRONA................. Ville et relais.

SAN-MARTINO........... Village.

CALDIERO.............. Hameau et relais.

VILLA-NOVA............ Hameau.

TORRE DI CONFINI. (Tour
   du Confin)........... Hameau.

MONTEBELLO............ Village et relais.

Ici il faut hâter la marche jusqu'à Vicenza; le pays est peu sûr pour les voyageurs.

TAVERNETTE............ Hameau.

VICENZA............... Ville et relais.

ASLESEGA.............. Hameau et relais.

MONTEGREDO........... Hameau.

PADOVA................ Ville et relais.

STRA.................. Hameau et relais.

TRESSO................ Hameau.

DOLO.................. Hameau et relais.

Les bords de la Brenta que l'on côtoye, offrent une série très agréable de maisons de campagne. Pour aller à Mestre, on prend une route de traverse sur la gauche.

MESTRE. . . . . Village où l'on s'embarque.

Ici l'on prend les gondoles, et après avoir dépassé les lagunes on entre en mer et l'on arrive à Venise.

VENISE. . . . . Ville capitale, bâtie sur
pilotis en pleine mer.

On compte par cette route de Rome à Venise par Ancône. . . . . 143 lieues.

Autrement. . . . . 387 milles italiens.

FIN DE LA TABLE ITINÉRAIRE.

ERRATUM DU PREMIER VOLUME.

Pag. 443, TABLE ITINÉRAIRE ; *au lieu de :* FERRARA.... Village ; *lisez :* Ville.

www.ingramcontent.com/pod-product-compliance
Lightning Source LLC
Chambersburg PA
CBHW071952270326
41928CB00009B/1411